# 세인트존스의 고전 100권 공부법

# 세인트존스의 고전 100권 공부법

## 인문학에서 — 수학, 과학, 음악까지

조한별 지음

세인트존스 대학의 읽고 토론하고 생각하는 공부

바다출판사

**추천사**

# 다양한 직업의 자물쇠를 열 수 있는 마스터키를 깎다

KBS 프로그램 '명견만리' 강연을 하기 전까지 나는 4년 동안 고전 100권을 읽고 모든 수업을 토론으로 진행하며 시험도 없는 세인트존스라는 대학이 있다는 걸 몰랐다. 하지만 이미 나는 10년 넘게 거의 강의를 하지 않고 학생들 스스로 팀을 만들어 자율적으로 주제를 정하고 연구하며 활동할 뿐, 절대로 시험은 보지 않는 수업을 진행하고 있다. 내 수업에서 세인트존스를 운영한 셈이다. 교수의 농담까지 일일이 받아 적고 깡그리 외워 답안지에 그대로 토해내야 A+를 받는 대한민국 명문대의 授業 혹은 受業과 극명하게 다른 세인트존스의 修業. 공부는 본래 스스로 하는 것이다. 미래학자들의 예측에 따르면 지금 청년 세대는 평생 직종을 적어도 대여섯 차례나 바꾸며 살 것이란다. 요행으로 첫 직장의 문만 열 수 있는 '맞춤 열쇠' 한 개가 아니라, 평생 맞닥뜨릴 다양한 직업의 자물쇠를 열 수 있는 '마스터키'가 필요하다. 세인트존스 학생들은 자신만의 마스터키를 깎고 있다.

최재천(이화여대 에코과학부 교수, 국립생태원 원장)

## 질문하고 생각하고 실천하는 지성인의 핵심 교양을 배우는 곳

지성인으로서의 삶의 핵심은 질문하는 것과 생각하는 것과 실천하는 것이다. 이를 위해서는 읽고 토론하고 글을 쓰는 훈련이 선행되어야 한다. 이 모든 과정을 수행하는 특별한 대학이 있다. 세인트존스에서는 4년 동안 100권이 넘는 고전을 읽고 토론한다. 4년 내내 수학, 과학 실험, 글쓰기, 음악 그리고 언어를 배운다. 단순히 외우는 것이 아니라 원전 논문이나 책을 읽고 이를 바탕으로 토론하고 에세이를 쓰는 방식으로 배운다. 현대를 살아가기 위한 핵심 교양의 샘이 넘쳐나는 곳이다. 이런 특별한 학교를 졸업한 저자가 여러분들을 그 내밀한 세계로 이끌고 간다. 책을 다 읽고 나면 시대의 등불처럼 타오르는 그곳의 열기를 직접 느낄 수 있을 것이다. 세인트존스에 아들을 보낸 학부모의 입장에서 이 책을 권한다.

이명현(과학저술가, 천문학자)

# 세인트존스는 스스로 공부한다

부모님의 남다른 교육관 덕분에 어려서부터 친구들과는 조금 다른 교육을 받아왔다. 초등학교 2학년부터 휴학한 어린이가 되어 가족들과 함께 1년간 세계여행을 다녔다. '한 번뿐인 어린 시절에는 자연과 함께하는 정서를 만들어야 한다'는 부모님의 말씀 아래 한 학년에 한 반뿐인 제주 바닷가의 시골 초등학교에서 소중한 추억을 만들며 초등학교 고학년을 보냈다. 중학교 1학년 때 또 휴학을 했다. 휴학 경력 두 번의 무서운 중학생이 되어 가족들과 두 번째 세계여행을 다니며 1년 동안 50여 개국을 돌았다. 돌아와서는 검정고시로 중학교를 졸업했고 어쩌다 제주외고에 들어가 유학을 준비했다. 혼자 준비한 유학이었기에 부족함이 많았다. 십여 군데 대학에 지원해봤지만 다 떨어졌다.

유학 가기 전까지 내가 받았던 교육을 말하자면 이 정도다. 그다지 일반적인 교육은 아니었다. 그래서 더더욱 세인트존스까지 가게 된 게 아닐까 싶다. 어차피 어려서부터 (누가 정한 건지는 모르겠지만 일반적으로 따르는) 궤도를 이탈해왔으니, 어떻게 되든 하고 싶은 걸 하는 것이 옳은 길이며 후회 없는 길이라고 생각했기 때문이다.

처음 접한 세인트존스는 대학을 가장한, 현실과 동떨어진 순수한 학문과 지성만을 추구하는 세상처럼 보였다. 시골구석에 몰래 숨어 있던 이 새로운 세상에 적응부터 해야 했다. 학교 룰을 익혔고 내 코앞에 놓인 문제들을 하나둘 해결해나가기 바빴다. 1년, 2년, 학년이 올라갈수록 조금씩 적응이 됐고 4학년이 되니 세인트존스를 한국에 소개해보고 싶다는 생각이 들었다. 세인트존스에서 공부하면서 알아가기 시작한 '진짜 배움을 얻는 법', '스스로 알아서 공부하는 법' 등에 대해 그리고 이런 교육을 가능하게 하는 이 커뮤니티의 방식들에 대해 더 많은 사람들과 소통해보고 싶었기 때문이다. 그래서 글을 쓰기 시작했고 이렇게 책까지 내게 되었다.

세인트존스는 가르치지 않는 학교다. 비싼 학비를 내지만 교수는 자신이 가진 해박한 지식과 정보를 강의해주지 않는다. 학생들은 어디서나 쉽게 구할 수 있는 책들을 알아서 사 읽고 수업 시간에 와서 토론을 해야 한다. 그렇게 토론하고 글 쓰고 생각을 정리해나가면 '튜터'라고 불리는 교수들이 학생 하나하나를 객관적으로 관찰하고 비판, 충고해준다. 그 과정을 통해 학생들은 자기 자신에 대해 스스로 깨닫고, 스스로 고민하고, 스스로 본인에게 맞는 공부 과정을 찾아내고, 결국엔 스스로 배움을 얻어낸다.

이 모든 과정을 최대한 자세히, 하지만 재미있고 읽기 쉽게 소개해보고 싶었다. 우선 1장에서는 세인트존스의 유별나고 대표적인 특징들을 이야기했다. 2장에서는 고전을 읽는다는 커리큘럼 안에 숨어 잘 드러나지는 않지만 세인트존스식 배움의 핵심이 되는 중요한 요소들을 찾아보았다. 3장에서는 세인트존스의 가장 대표적 수업인 세미나에서 읽는 책들을 학년별로 소개하면서 동시에 전반적인 고전 토론 과정과 학년마다 달라지는 평가 방법들에 관해 설명했다. 4장에서는 세미나만큼이나 중요한 비중을 차지하는 언어, 음악, 수학, 과학 수업을 소개했다. 많은 사람들이 세인트존스를 고전 100권만 읽는 대학이라고 생각하고 있는데 세인트존스는 인문학을 공부하는 학교지, 문과 성향의 학교는 아니라는 점을 말하고 싶었다. 5장에서는 배움을 얻기 위한 핵심 요소인 읽기, 듣기, 말하기, 쓰기 그리고 소통하기에 대해 이야기했다. 특히 영어로 고전을 읽고 토론하는 공부를 할 친구들에게 도움이 되길 바라는 마음에 영어로 고전을 읽고 토론하는 나만의 수업 노하우도 적어봤다. 6장에서는 책으로 하는 공부에서 벗어나 다른 배움을 얻을 수 있는 학교의 다양한 활동들을 소개했다. 마지막 7장에서는 그래서 내가 학교에서 배운 것은 무엇이었는지에 대한 심오한 질문을 스스로에게 던져봤다.

누구든 자기 주변의 모든 것들을 활용하여 스스로 공부할 수 있다. 책뿐만 아니라 영화와 음악은 물론이고 주변에서 일어나고 있는 일, 현상, 사건을 보며 생각하고 고민한 뒤 그 과정을 정리하면서 삶에 대해 공부하고 자기만의 가치관과 개념을 만들어나갈 수 있을 것이다. 그리고 이 공부야말로 세인트존스에 가야지만, 고전을 읽어야지만, 인문학 공부를 해야지만 할 수 있는 게 아니라, 습관을 들이면 누구나 어디서든 해나갈 수 있는 공부이며 평생 해야 할 진짜 공부라고 생각한다. 이런 공부를 하기 위해서는 스스로 생각하고 배움을 얻는 능력이 필요하다. 그리고 꼭 고전이 아니어도 좋은 책들을 읽고 이야기해보고 토론해보고 정리하는 것이 이 능력을 기르는 방법 중 하나라는 것 또한 분명하다.

학교에 다닐 때는 수업을 듣는 것만으로도 바빠 세인트존스에 대해 깊이 생각할 겨를이 없었다. 하지만 책을 쓰면서는 새로운 시각으로 전반적인 커리큘럼과 지성을 추구하는 커뮤니티의 운영 방식들을 살펴볼 수 있었다. 졸업생 한 명의 주관적인 의견이라 조심스러운 부분들도 많지만 최대한 객관적으로 보려고 노력하며, 고민하고 또 했다. 그러니 이왕이면 이 책이 고전 독서나 고전 토론 공부를 어떻게 하면 좋을지에 대해 궁금해하는 분들에게, 스스로 배움을 얻고자 치열하게 고민하고 있는 학생들에게, 새로운 배움의 방법을 고민하는 분들에게까지도 조금이나마 도움이 될 수 있길 바란다.

차례

## 2 진짜 공부하는 법 배우기



## 3 세인트존스는 어떻게 공부하는가

# 1

# 세인트존스를 소개합니다

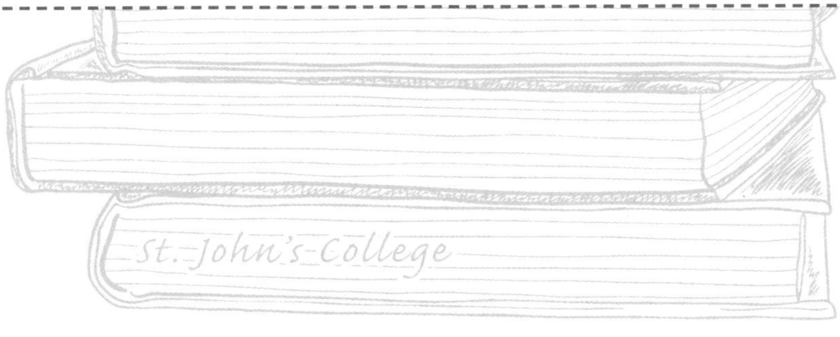

세인트존스는 교양 교육을 중시하는 대학이다.

우리는 제대로 교양 교육을 받은 사람들이

평생 근원적인 지식을 추구하고 통합적인 사고를

얻을 수 있을 것이라고 믿는다.

## 말 안 하면 '쫓겨나는' 대학

수업 시간에 말 안 한다고 학생을 쫓아내는 대학이 있다고 하면, 많은 사람들이 이렇게 말할 것이다.

"비싼 학비 내고 학교에 다녀주는 것만도 감사합니다, 해야 하는 거 아니야? 요즘 세상에 다니겠다는 학생을 쫓아내는 학교가 어디 있어?"

나도 처음엔 그렇게 생각했다. 말도 안 되는 얘기다. 그런 학교가 세상에 존재할 거라고는 전혀 생각해보지 않았다. 이 학교에 오기 전까지는.

나는 미국 뉴멕시코 주 산타페의 세인트존스 대학을 졸업했다. 이 대학은 리버럴 아츠 칼리지Liberal arts college로 메릴랜드 주 아나폴리스와 뉴멕시코 주 산타페라는 두 도시에 각각 캠퍼스가 있다. 뉴욕의 세인트존스 대학교St. John's university와는 다르다.

세인트존스는 하버드, 예일, 프린스턴 같은 유명한 아이비리그도 아니고, 그렇다고 해서 애머스트, 스미스 같은 유명한 리버럴 아츠 칼리지 또한 아니다. 가장 적절한 표현은 아마 '특별한 리버럴 아츠 칼리지'쯤 될 듯하다. 세인트존스는 미국에서도 그리고 최근 몇 년간 한국에서도 특별한 커리큘럼으로 많이 알려졌다. 그 커리큘럼이란 바로, 4년 동안 고전 100권을 읽는 것이다(그렇다고 해서 고전 100권만 읽는 것은 아니다). 세인트존스에서는 고전을 읽으며 토론하는 수업이 4년 내내 계속된다. 아무리 그렇다고 해도 정말 말을 안 한다고 학생을 쫓아낼까? 진짜로 쫓아내나? 답부터 말하자면, 그렇다. 쫓아낸다. 정말로 세인트존스에서는 학생이 수업 시간에 말을 안 하면 쫓겨날 위기에 처한다.

### 공포의 직사각형 테이블

대학생이 되기 전, 나는 '대학' 하면 일인용 접이식 책걸상이 빼곡한 커다란 강의실을 상상했다. 그 일인용 책걸상은 내 상상 속 대학의 로망이었다. 배낭이 아닌 숄더백을 메고, 무거운 전공 책을 안고 교실에 들어가 일인용 책걸상에 앉아 모두 함께 저 멀리 강의실 맨 앞에 있는 커다란 칠판과 교수님을 바라보는 것.

하지만 세인트존스에 그런 강의실은 존재하지 않는다. 여기선 어떤 교실에 가든지 그 안을 꽉 채우는 커다란 직사각형 테이블 하나를 발견할 수 있다. 커다란 직사각형 테이블과 벽에 걸린 분필 칠판이 세인트존스 교실에 있는 학습 도구의 전부다.

입학하기 전에는 그런 교실의 모습을 보고도 그냥 그런가 보다 했다. 그때는 이 직사각형 테이블의 공포를 제대로 몰랐기 때문이다. 그런데 막상 이 학교의 학생이 되고 보니 제일 처음으로 느꼈던 것이 바로 수업 때 학생들끼리 서로 얼굴을 마주 봐야 한다는 두려움이었

세인트존스의 강의실. 중앙에 놓인 직사각형 테이블은 세인트존스 수업의 특징을 보여준다.

다. 학생끼리 얼굴을 마주 보는 것이 왜 두려울까? 수업시간에 졸지 못하게 감시하게 되니까?

이 공포의 테이블에 앉아 서로가 서로를 쳐다보고 수업을 하는 이유는 누가 조는지 안 조는지 감시하려는 게 아니다. 이 테이블의 목적은 따로 있다. 세인트존스에서의 수업이 진정한 수업이 될 수 있도록 이 테이블이 교실에 있는 것이다. 이 직사각형 테이블은 세인트존스의 수업이 '授業'도 아니고 '受業'도 아닌, '修業'이 되도록 만들어 준다.

### 세인트존스에서 수업이란

첫 번째 수업授業은 줄 수授, 업 업業으로 학업이나 기술을 가르쳐'준다'는 뜻의 수업이고, 두 번째 수업受業은 받을 수受, 업 업業으로 학업이나 기술의 가르침을 '받는다'는 뜻의 수업이다. 학생들이 '수업 듣고 있어' 할 때 받는 수업을 말하는 것이다.

이 두 종류의 수업, 즉 주는 수업과 받는 수업은 내가 어려서부터 상상한 일인용 책걸상에 앉아 강의실 칠판을 바라보면서 이루어지는 것이다.

하지만 앞서 말했듯 세인트존스에서의 수업은 이 두 가지, 주고받는 수업이 아니다. 바로 마지막 종류의 수업이다. 이 수업은 '닦을 수修'를 쓴다. 학업이나 기술을 익히며 닦는다는 뜻이다. 세인트존스의 수업은 이런 의미이기 때문에 교실에 교수님과 칠판을 해바라기처럼 바라보는 일인용 책걸상이 아니라, 서로가 서로를 쳐다보는 무섭고 거대한 테이블이 있는 것이다. 이 테이블에 앉아 학생들은 서로의 얼굴을 마주 보고 토론을 통해 함께 학업과 기술을 닦는다.

말을 하지 않고 있으면 학교에서 쫓겨날 위기에 처하게 되는 이유는 여기 있다. 토론 수업이 전부인 학교에서 학생이 말을 하지 않는다는 것은 그만큼 배우고자 하는 의지가 부족하다는 뜻으로 비칠 수 있다. 부끄럽지만 나 역시 조용한 한국 학생의 전형이었기 때문에 쫓겨날 위기에 처했었다. (학생이 쫓겨나는 데는 이 이유 말고도 다양한 이유가 있다. 참고로 내가 쫓겨날 뻔했던 또 다른 이유 중 하나는 '행복해 보이지 않아서'였다.)

# 강의와 교수가 없는 학교

세인트존스에서 1학년을 보내던 어느 겨울날, 밤새 눈이 펑펑 내린 적이 있다. 도로 사정이 안 좋아 교수님이 수업에 못 오시는 불상사가 발생해 속으로 '오호, 휴강이다!' 하고 있었다. 그런데 한 친구가 교수님으로부터 연락을 받고는 우리에게 말했다.

"우리끼리 수업하래."

그날 우리는 교수님 없이도 아주 유익하고 즐거운 수업을 하는 비극(?)을 맞이했다. 그렇다. 여기는 세인트존스였다.

세인트존스 수업에는 다른 대학들과 다르게 없는 게 두 가지 있다. 첫 번째는 강의, 두 번째는 교수다. 그게 대학이야? 그게 수업이야? 강의가 없고 교수가 없는데 그걸 어떻게 대학 수업이라고 부를 수 있지? 하지만 대신 이곳에는 세인트존스만의 수업을 만들어주는 두 가지가 있다. 바로 토론과 튜터다.

## 강의가 없고 토론이 있는 수업

세인트존스의 수업은 100퍼센트 토론이다. 그렇기 때문에 공포의 직사각형 테이블에 학생들이 둘러앉아야만 한다.

토론 수업은 어떻게 진행될까? 간단하다. 그날 수업에 읽어 와야 하는 책을 읽고 와서, 서로 화목하게 이야기를 나누면 된다. 문제는 읽어 와야 하는 책이 손에 땀을 쥐게 하는《셜록 홈즈》같은 추리소설도 아니고, 읽고 있으면 눈에서 하트가 뿅뿅 나오고 가슴이 콩닥콩닥 뛰는《트와일라잇》같은 연애소설도 아니라는 것이다.

안타깝게도 학생들이 세인트존스에서 읽는 책은 고전이다. 이 학교에 오지 않았다면 나와는 평생 관련 없을 책 리스트에 넣어놨을 법한 작가들의 책들. 아리스토텔레스의《물리학Physics》, 플라톤의《국가론Politeia》, 칸트의《순수이성비판Critique of pure reason》, 뉴턴의《프린키피아Principia》, 아인슈타인의《상대성이론Theory of relativity》등등. 수업을 위해 읽어야 하는 책들은 그 난이도가 상상을 초월한다.

칸트? 헤겔? 뉴턴? 저렇게 어려운 고전을 읽고 토론하려면 학생들이 얼마나 똑똑해야 하는 건지 의문을 가질 수도 있다. 하지만 여기에 바로 세인트존스 수업, 즉 토론 수업의 핵심이 있다. 똑똑해야 어려운 책을 읽고 토론을 하는 것이 아니다. 똑똑하지 않기 때문에 토론 방식의 수업을 하는 것이다. 책이 너무 어려워 다들 모르는 것투성이니, 강의 형식이 아닌 서로 머리를 맞대고 고민하고 의견을 나눌 수 있는 토론식 수업이 유일한 배움의 길인 것이다. 진리가 무엇인지 이미 알고 있다면 더 이상 진리에 대해 토론할 필요가 없는 것과 같은 논리다.

### 교수가 없고 튜터가 있는 수업

교수professor가 없고 튜터tutor가 있다는 말은 무슨 소리일까? 튜터는 보통 개인 지도 교사, 과외 선생님 정도의 의미로 해석된다. 대학 수업에 개인 지도 교사라. 뭔가 미심쩍다.

세인트존스에서 말하는 튜터는 개인 지도 교사가 아니다. 세인트존스의 튜터들 역시 다른 대학 교수님들과 다를 게 없다. 다른 대학에서 교수로 지내다 온 분들도 있고 다들 그만큼의 학위를 가진 분들이다. 그렇다면 왜 교수님을 교수님이라고 하지 않고 튜터라고 할까? 세인트존스에서는 그 역할이 달라지기 때문이다.

교수님은 강의를 해주지만 튜터는 학생과 함께 공부한다. 학생들을 이끄는 위치에 있기는 하지만 학생들에게 자신의 지식을 전달하는 것이 아니라 어떤 주제나 책에 대해 좀 더 많은 시간 동안 고민을 해온 '선배'의 느낌으로 함께 의견을 공유하는 사람이 세인트존스의 튜터다. 토론 수업인 데다 튜터의 역할이 이렇다 보니 수업 시간에 심지어 튜터가 오지 못해도 학생들만으로도 수업이 가능해지는 비극 아닌 비극이 발생하는 것이다.

하지만 그렇다고 해서 '학생들보다 좀 더 많은 시간 동안 고전을 읽고 고민해온 선배'가 튜터가 하는 역할의 전부는 아니다. 아주 중요한 튜터의 역할이 있는데 그건 바로 수업 시간 동안 학생들로부터 좋은 토론을 이끌어내는 것이다.

좋은 토론의 힘은 막강하다. 토론의 성숙도와 수준에 따라, 수업의 수준이 결정되고 학생들의 배움의 크기가 결정된다고 해도 과언이 아니다. 그렇기 때문에 좋은 토론을 하는 게 아주 중요하다.

그런데 토론이라는 공부 방식은 참 특이한 성향을 가지고 있다. 토론하는 책의 종류와 난이도에 따라 토론의 종류, 토론이 진행되는 방식이나 내용까지도 천차만별로 달라진다. 그리고 많이 배울 수 있는 좋은 토론을 하기 위해서는, 토론 기술을 제대로 익혀야 한다. 이것이 바로 세인트존스 학생들이 배움을 얻기 위해 수업 시간에 갈고닦는 기술이다.

정말 좋은 수업에서는 토론하는 내내 새로운 깨달음과 배움으로 마치 뇌 속의 전구에 불이 1초 간격으로 빤짝빤짝 들어오는 듯한 느낌을 느끼기도 했다. 다른 어떤 것과도 바꾸고 싶지 않은 배움의 경험이다.

### 1학년은 원석, 4학년은 보석

토론의 특징이 이렇다 보니 세인트존스에는 이런 말도 나돈다. "1학년 토론은 원석이고, 4학년 토론은 보석이다." 즉, 1학년은 아직 갈고닦은 토론 기술이 없기 때문에 (좋게 말해서) 원석이고, 4학년은 많은 토론 기술을 익혔기 때문에 좋은 토론이 가능하므로 (과장해서) 보석이라는 거다.

막 입학한 1학년의 에너지는 엄청나다. 열정 폭풍에 휩싸여 있다. 하지만 이미 말했듯이 그들은 아직 좋은 토론을 하는 방법을 모른다. 그래서 1학년 수업에는 길들여지지 않은 야생마 같은 학생들이 많다.

수없이 충돌하고 서로가 서로를 밟고 일어서려 하는 1학년 수업에서 튜터의 역할은 더욱더 커진다. 튜터는 지나치게 토론을 독점하는 학생이 있으면 그 학생에게 과감히 무안을 주기도 하고, 다른 학생들에게 기회를 주기도 하며, 토론이 너무 산으로 가면 방향을 바로잡기도 한다.

그럼 이제 4학년을 살펴보자. '서당 개 삼 년이면 풍월을 읊는다'는 말처럼, 4학년은 갈고닦은 내공이 있어서 책을 통해 좋은 생각을 이끌어낼 줄 알고, 성숙한 토론이 가능하기 때문에 수업에서 많은 배움을 얻을 수 있다는 게 학교의 말이다. 4학년 수업은 좀 더 차분하고, 자신의 생각과 의견을 발전시키고 표현하는 데 신중하고 겸손하다. 이 부분이 배움의 핵심이라고 감히 생각한다. 배움은 자신이 모르고 있다는 걸 인정할 때 가능하기 때문이다. 그렇게 되면 귀가 쫑긋 열린다. 남의 말을 들을 준비가 되는 것이다.

남의 말이라고 다 정답이고 교훈이라는 말이 아니다. 하지만 다른 이의 말을 듣고 자신의 생각도 얘기하면서 서로 의견을 공유하면 다른 사람의 해석도 받아들이게 된다. 그리고 혼자 책을 해석할 때보다 배움이 더 풍부해진다. 배움에는 많은 종류가 있겠지만 이 역시 진정한 배움의 한 종류라고 생각한다. 그리고 이 배움은 좋은 토론을 통해서 얻게 된다.

이런 좋은 토론이 가능한 수업에선 튜터의 역할 역시 바뀐다. 1학년 수업에서처럼 튜터가 토론 교통정리를 할 필요가 없기 때문이다. 대신 튜터도 소중한 그리고 어느 누구보다 깊이 있는 의견을 내놓고, 서로 의견을 나누며 학생들과 함께 지식의 파도 속을 헤엄친다.

## 전공과 시험이 없는 학교

세인트존스에 없는 것이 또 있다. 전공과 시험이다.

전공이 없다는 것부터 살펴보자. 보통의 대학에는 다양한 학과가 있고 학생들은 2학년쯤부터 자신의 전공을 결정한다. 하지만 세인트존스에서는 그럴 필요가 없다. 전공이 없기 때문이다. 따라서 세인트존스 학생, 즉 조니들Johnnies은 전공을 정하느라 머리를 싸맬 필요도, 전공을 이수하기 위한 수업을 들을 필요도 없다. "4년간 대학에서 공부를 하는데 전공이 없다"는 말을 들으면 '그럼 학생들은 뭘 공부하는 거지?' 하는 의문이 먼저 든다.

세인트존스에서 4년 동안 배울 것들은 이미 다 정해져 있기 때문에 학생들에게 수업을 선택할 권한은 없다. 따라서 세인트존스에 들어온다는 것은 4년 동안 수학, 과학, 음악, 언어, 철학 분야의 고전을 읽고 토론하는 공부를 하겠다는 계약서에 사인을 하는 것과 마찬가지다.

### 세인트존스만의 전공

전공 없이 학교에서 짜놓은 수업을 듣는 것에는 장단점이 있다.

제일 큰 단점은 원하지 않는 공부를 해야 할 수도, 듣기 싫은 수업을 들어야 할 수도 있다는 것이다. 나는 과학 실험 수업을 좋아하지 않았다. 이해도 잘 안 되고 어려웠다. 그렇더라도 보통은 무언가를 모르겠으면 알고 싶어지고 질문하고 싶은 것들도 생기는데 과학 분야만큼은 그냥 아예 관심이 없었다. 때문에 일주일에 세 번, 특히 그 세 번 중 한 번은 연속 세 시간이라는 어마어마한 시간을 들이는 과학 실험 수업은 나에게 고문과도 같았다.

또 다른 단점은 수업 스케줄을 개인이 정하지 못한다는 점이다. 각 학년별로 들어야 할 수업들이 정해져 있기 때문에 학교에서 아예 수업 스케줄을 짜준다. 적당한 비율로 다양한 학생들을 골고루 섞기 위해서다. 그러다 보니 일주일 스케줄을 내 의지대로 결정하지 못하는 불편함이 생긴다.

당연히 장점도 있다. 우선 기본적으로 수강 신청 스트레스가 없다. 매 학기가 시작되기 전, 머리를 싸매고 수강신청안내서를 보며 어떻게 원하는 대로 수강신청을 할 것인지, 그 모든 것을 성공적으로 해내기 위해서 언제 피시방에 가서 미친 듯이 클릭을 해야 하는지 같은 은근히 짜증나는 고민을 할 필요가 전혀 없다. 이건 정말 꽤 큰 즐거움이었다. 나는 학교 다니는 내내 다른 대학에 다니던 언니들의 수강 신청에 대한 고충을 한 귀로 흘려들을 수 있었다.

또 다른 장점 하나는 4년간의 커리큘럼이 같다 보니 학교에 있는 어느 누구와도 공부에 대한 대화가 가능하다는 것이다. 1학년들이 지금 무슨 책을 읽고 있는지, 어떤 책을 읽으며 어떤 점을 힘들어하는지 등의 고민들을, 그 과정을 겪은 2, 3, 4학년 선배들은 물론 학교 관계자들까지도 다 알고 있기 때문에 누구와도 상담이 가능하다. 당연히 학년이 올라가면 학생 스스로가 후배들의 고민을 똑같이 들어주고 좋은 조언을 해줄 수 있다.

이렇게 선후배 간에 누구와도 쉽게 대화를 나눌 수 있고 공감대를 형성할 수 있다는 건 상당히 큰 장점이다. 심지어 홈커밍(동창회) 행사에 온 1960년대 졸업생 할머니와도 대화가 가능할 정도다. 읽는 책들은 조금씩 바뀌더라도 대체적인 커리큘럼과 흐름은 비슷하기 때문이다.

마지막으로 하나 더, 가장 중요한 장점은 스스로도 몰랐던 가능성을 발견하게 된다는 것이다. 나는 중고등학교 시절에 수학을 싫어했고 제일 자신 없었던 과목 역시 수학이었다. 그래서 4년간 세인트존스에서 수학 수업을 들어야 한다는 걸 알았을 때 좌절하기도 했다. 대학에 가면 수학과는 영원히 작별할 수 있을 거라 생각했기 때문이다. 그러나 세인트존스에서 배웠던 수학은 완전히 새로웠고, 수업을 들으면서 나도 수학을 잘할 수 있다는 사실을 깨달았다. 세인트존스에서 공부하면서 내가 가장 좋아하게 된 수업이 바로 수학일 정도다. 만약 내가 수업을 선택할 수 있었다면 수학을 선택했을까? 절대 그랬을 리 없다. 나는 가장 먼저 모든 수학 수업을 내 수강 신청 리스트에서 제거했을 것이다. 그렇게 생각해보면 수업 선택의 자유가 없다는 점에 감사할 따름이다.

그렇다면 이제 또 다른 궁금증이 생긴다. 전공이 없다면 학위는 어떻게 딸까? 사실 이건 별로 걱정할 필요가 없다. 세인트존스를 졸업하면 받게 되는 학위는 'Bachelor of Arts'인데 인문학(교양학) 학사 학위 정도로 생각하면 된다. 또 대학원 진학이나 취업을 위해 지원서를 작성할 때 전공을 기입하는 칸이 있으면, '철학' 그리고 '수학과 과학의 역사'를 복수전공 했다고 쓰긴 하는데 그 자체에 별로 의미를 두지 않는다. 대신 필요에 따라 세인트존스는 어떤 커리큘럼을 가진 특별한 학교인지 학교에 대한 설명을 따로 첨부하기도 한다.

### 수업이 곧 시험

세인트존스에는 시험도 없다. 시험이 없다니! 초·중·고 내내 학생들을 따라다니며 괴롭히던 시험이 존재하지 않는 학교라니, 얼마나 즐거울까! 사실 그렇다. 나는 세인트존스에 오기 전 커뮤니티 칼리지 community college(편입을 준비하거나 기술을 배우는 2년제 대학교)를 다닐 때도 시험 기간이 되면 은근히 스트레스를 많이 받으며 공부했다. 하지만 세인트존스에서 지낸 4년의 대학 생활 동안, 단 한 번도 시험 스트레스를 받으며 공식을 암기할 필요가 없었다. 조니만이 누릴 수 있는 정말 대단한 특혜였다.

하지만 그렇다고 해서 '시험이 없으니까 대학 생활 자체가 천국이겠구나!' 하고 생각하면 정말 큰 착각이다. 시험이 없다는 것의 의미는 정말 시험이 없다는 말도 되지만 동시에 매일매일의 수업이 시험이라는 말도 되기 때문이다.

사실 시험 없는 학교는 있을 수 없다. 세인트존스에는 보통 대학들에 있는 중간고사나 기말고사가 없을 뿐이다. 그런 정기적인 시험이 없기 때문에 '시험 기간' 동안 벼락치기를 하지 않아도 되는 것은 확실하다. 그러나 매일매일의 수업을 잘 준비해 가야 하고 수업 시간에 내가 열심히 배우고 있다는 것을 토론을 통해 드러내야만 한다. 세인트존스는 매일매일의 수업과 토론, 에세이를 통해 학생이 잘 배우고 있는지를 검사하고 평가한다. 시험에 대한 스트레스와는 다른 종류의 스트레스다.

벼락치기 공부에 익숙했던 나는 처음에는 매일 꾸준히 공부해야 한다는 게 힘들었다. 구멍 뚫린 항아리에 물을 붓고 있는 듯한, 절대로 끝나지 않을 일을 하고 있는 느낌이었다.

게다가 세인트존스에서는 매번 전 수업을 이해해야 그다음 수업 때 토론에 참여할 수 있기 때문에 수업을 가지 않거나 한두 번 이해를 못 하면 그 어려움이 걷잡을 수 없이 커진다. 점점 토론 내용과 멀어지게 되고, 당연히 토론에 끼지 못하게 된다. 그렇기에 수업에서 뒤처지면 안 된다는 두려움이 아주 컸다. 그래서 매일 조금이라도 열심히 공부했고 만약 오늘 수업 내용을 이해하지 못했다면 다음 수업에서 전날 수업에 대해 다시 질문하면서 따라가려고 노력했다. 듣기에는 참 이상적인 공부 같아 보일지 몰라도 공부를 하는 당사자 입장에서는 정말 큰 스트레스다.

또 중간고사와 기말고사는 없지만 매 학기 한 번씩 중요한 세미나 에세이를 제출해야 했는데, 이게 시험과 별반 다르지 않았다. 세미나 에세이는 가장 중요한 리포트이자 한 학기 배움의 결과물이기 때문에 신경을 많이 써야 했기 때문이다.

## 튜터들의 공개 뒷담화, 돈 래그

### 학생을 앉혀 놓고 '뒷담화'하는 평가 시스템

교수, 강의, 전공, 시험이 없는 대신 세인트존스에는 학생들을 벌벌 떨게 만드는 다른 것이 있었으니, 바로 '돈 래그don rag'라 불리는 아주 특별한 학생 평가 제도다.

우선 어원부터 파헤쳐보면 돈don은 영국에서 건너온 단어로 옥스퍼드 대학, 케임브리지 대학에서 '교수'를 뜻한다. 래그rag는 '꾸짖다', '책망하다', '타박하다'의 뜻이 있다. 즉, 돈 래그는 '교수가 꾸짖는다'는 뜻이다. 누구를? 당연히 학생을!

돈 래그는 말 그대로 교수가 학생을 꾸짖을 수 있도록 학교에서 마련해준 공식적인 자리라고 할 수 있다. 한 학기 동안 학생이 들었던 수업(4~5개)을 담당한 튜터들이 모두 한자리에 모인다. 그리고 학생에 대해 이야기하는 자리가 돈 래그인 것이다.

시험 대신 이런 학생 평가 제도를 채택하다 보니 세인트존스에서는 학기가 끝나기 전 마지막 주 월요일부터 일주일간 '돈 래그 주don rag week'가 시작된다. 학생들은 이 일주일을 '죽음의 주dead week'라고 부른다. 이 주에는 월, 목 세미나를 제외한 다른 모든 수업들이 취소된다.

방학 전 마지막 일주일 동안 수업들이 취소되니 천국이라고 생각한다면 큰 오해다. 이 천국 같아야 할 일주일을 '죽음의 주'라고 부르는 데에는 이유가 있다. 한 학기 동안 학교생활과 공부를 어떻게 해 왔는가에 따라서 학생들은 죽음을 맛볼 수도 있기 때문이다.

돈 래그에서는 자기 자신에 대한 '객관적인' 이야기를 듣게 된다. 상상 속의 내 모습과 남이 보는 내 모습의 차이를 알고 나면 어떤 때는 충격을 받기도 하고, 어떤 때는 즐거워지기도 한다. 이렇든 저렇든 객관적인 자기 모습과 맞닥뜨린다는 건 용기를 필요로 하는 일이다.

안 그래도 이렇게 무서운 돈 래그를 더욱더 무섭게 만드는 것이 있었으니…… 바로 돈 래그의 스타일이다. 돈 래그는 '청문회'가 아니라 '뒷담화' 스타일이기 때문이다. 무슨 말이냐면, 학생을 앉혀 놓고 "인마, 너 왜 수업 시간에 항상 아는 척만 해?" 하고 질타하는 것이 아니라 튜터들이 모여 앉아 그 한 명의 학생에 대해 자기들끼리 얘기를 한다.

"이 학생은 내 수업에서 맨날 아는 척만 해요."

"아, 그래요? 그 학생, 내 수업에선 늘 졸기만 하던데?"

주인공인 학생은 그 자리에 있음에도 투명인간 취급을 당한다. 이러니 학생들이 벌벌 떨지 않을 수가 없는 것이다.

나는 돈 래그가 세인트존스에서 개발한 신개념 학생 고문(?) 방법이라고까지 생각할 정도였다. 왈핀 전 부총장은 말했다. "돈 래그는 미국 아니, 이 세상 어떤 대학교에도 없다. 있다면 세인트존스에서 가져간 시스템일 것이다."

특히 아직 누군가에게 적나라한 평가를 받는 것이 익숙하지 않은 1, 2학년 때는 돈 래그 후 항상 눈물 콧물 범벅이 되어 방을 나오기 일쑤다. 매번 그렇게 혹독하게 평가를 하느냐면 꼭 그런 것만은 아니다. 가혹한 평가를 받으며 돈 래그를 마치기도 하지만, 예상치 못한 칭찬과 격려를 듬뿍 받을 때도 있기 때문이다.

### 병 주고 약 주는 돈 래그

나는 공부 면에 있어서는 특히 겸손을 넘어선 자기 비하적 성격을 가지고 있었다. 수업이 어려우면 전부 다 내 탓으로 돌렸다. 그래서 질문이 있어도 못 했던 적도 많다. '내가 영어를 못해서, 멍청해서, 게을러서 더 많이 공부하지 못했기 때문에 이걸 모르는 거야. 다른 애들은 분명 다 알겠지?'라고 생각했기 때문이다. 그런데 참 놀랍게도, 튜터들은 그런 내 성격까지 다 파악을 하고 있었다.

"미스 조의 질문은 좋은 것들이 많은데 자기 혼자 모른다고 생각해서 물어보지 않습니다. 결국 질문을 해보면 다른 친구들도 몰라서 아무도 대답 못 하는 그런 것들인데 말이죠. 그러니 용기를 가지고 질문을 더 할 필요가 있어요."

"미스 조는 아폴로니오스가 어려운 게 자기 탓이라고 생각합니다. 원래 어려운 건데 말이죠. 허허허!"

"제 수업에서 미스 조는 특별한 역할을 합니다. 우리가 수업 시간에 배우고 토론한 것을 알고 있다고 착각하고 넘어가는 학생들이 많은데, 미스 조는 항상 자신이 모른다고 생각하고 질문하기 때문에 반 학생들은 물론 튜터도 모른다는 사실에 솔직해져야 하죠."

이런 얘기를 듣고 있으면 용기가 불쑥 솟고 '아아~ 튜터님들 감사하고 사랑합니다!' 하고 그 자리에서 일어나 탭댄스라도 추고 싶어진다. 하지만 정말로 못하고 있는 수업에 대한 평가를 들을 때는 쥐구멍에 들어가고 싶은 기분이 든다.

"미스 조는 이번 학기 모든 퀴즈에서 낙오했습니다. 희랍어 번역은 시키면 잘하고 준비도 잘해오는 듯하지만 절대 나서서 하지 않습니다. 토론에 전혀 참여하지 않아서 플라톤의 《메논Menon》을 토론하고 있는데 무슨 생각을 하고 있는지도 전혀 모르겠고요. 리포트는 두 개를 썼는데 둘 다 문법이 엉망이었고, 무슨 말을 하는지 전혀 알 수 없어서 심각하게 걱정이 됐습니다. 다음 학기에도 이대로라면 절대 만족할 만한 수업을 할 수 없을 겁니다."

이런 식의 혹독하지만 객관적인 비판을 받고 나면 '그래도 한 학기 나름대로 열심히 했어.'하고 자기합리화를 하려다가도 분한 마음이 들기도 하고 더 잘해야겠다고 긴장도 잔뜩 하게 된다. 그걸 원동력으로 다음 학기 수업을 열심히 들으면 그다음 학기 돈 래그에서는 좀 더 나은 평가를 받는다.

그런데 이게 어떻게 가능할까? 교수들이 어떻게 학생 하나하나의 성향까지 다 알고 있는지 의아할 것이다. 사실 교수들이 자기 수업을 듣는 모든 학생들을 파악한다는 건 우리나라나 미국의 큰 대학에서는 절대 불가능한 일이다. 종합대학University에 비해 소규모인 리버럴 아츠 칼리지라고 해도 이렇게까지 교수들이 학생 한 명 한 명에게 코멘트를 해주기는 쉽지 않다. 그러나 세인트존스는 다른 리버럴 아츠 칼리지와도 비교가 안 될 정도로 작다. 거의 고등학교 정도이다. 그렇기 때문에 돈 래그가 가능한 것이다.

돈 래그는 학생을 불러다 놓고 학생 뒷담화를 하는 것만으로 끝나는 게 아니다. 튜터들의 뒷담화가 끝나고 나면, 투명인간 취급을 받던 학생에게도 드디어 말할 기회가 주어진다. 튜터들이 한 이야기 중 자신을 잘못 판단했다고 생각하는 부분이 있다면 그 부분에 대해 코멘트를 달기도 하고, 더 열심히 하겠다고 다짐을 하기도 한다.

그러고 나면 제일 중요한 돈 래그의 핵심, 결정의 시간이 온다. 이것이 돈 래그의 진짜 목적이라고 할 수 있다. 학생이 한 학기 동안 어떤 식으로 공부를 했는지, 배움에 있어서 어떤 태도를 보였고 어떤 결과물을 보여줬는지 튜터들이 함께 이야기해본 후 학생의 앞으로의 학업 방향에 대해 결정을 내린다. 돈 래그 마지막 단계에서 튜터들은 "이 학생이 다음 학기로 진급하는 것에 모두가 동의하나?"라는 질문을 던진다. 이때 한 명이라도 반대하면 일이 커진다.

학생의 다음 학기 진학을 튜터가 반대하는 데는 여러 이유가 있을 수 있다. 학생이 수업 준비를 너무 안 해오거나 경고를 줬음에도 결석을 너무 자주 했을 경우, 퀴즈나 리포트 쓰기 등 숙제를 제대로 하지 않는 경우, 세인트존스의 토론식 수업이 학생의 성향과 맞지 않다고 판단이 되는 경우, 발전이 보이지 않는 경우 등등.

하지만 그렇게 튜터가 학생의 진학을 반대한다고 해서 모든 학생들이 곧장 쫓겨나지는 않는다. "이 학생은 다음 학기로 진급할 수 있지만 더 나은 리포트를 쓰기 위해 라이팅 어시스턴트writing assistant*를 찾아가세요." 하는 식의 조건이 붙을 수 있는 것이다.

나 역시 1학년 때는 리포트의 문법 문제로 라이팅 어시스턴트에게 가라는 조건을 단 채 다음 학기에 진급할 수 있었다. 또는 다음 학기에는 한 번도 결석을 하지 않는다는 조건으로 진급하는 학생도 있고, 각자의 문제 종류에 따라서 다양한 조건이 따라 붙는다.

이건 아주 굉장한 조언이다. 한 학기 동안 학생을 지켜본 튜터들이 객관적으로 판단하여 학생이 배움을 얻는 데 있어서 가장 부족한 요소들을 지적해주기 때문이다. 따라서 학생들은 이 소중한 조언을 철저하게 지키고 고쳐나가기 위해 노력해야 하고, 그렇게 한다면 정말 발전된 자신을 만나게 된다.

이것이 세인트존스에만 있는 무시무시하지만 너무나 현명한 학생 평가 시스템, 돈 래그다.

빌 게이츠는 1년에 두 번 일주일 동안, 외딴 곳으로 들어가 회사 직원들은 물론 친구들과 가족들까지 만나지 않고 회사와 사회에 대

---

* 라이팅 어시스턴트는 글쓰기를 도와주고 교정을 봐주는 친구다. 수학, 음악, 언어, 글쓰기 등 과목별로 도우미 학생이 있다. 학교에서 그 분야를 잘하는 재학생들을 고용해 그 분야에 어려움을 겪고 있는 다른 친구들을 도와줄 수 있도록 하는 제도다.

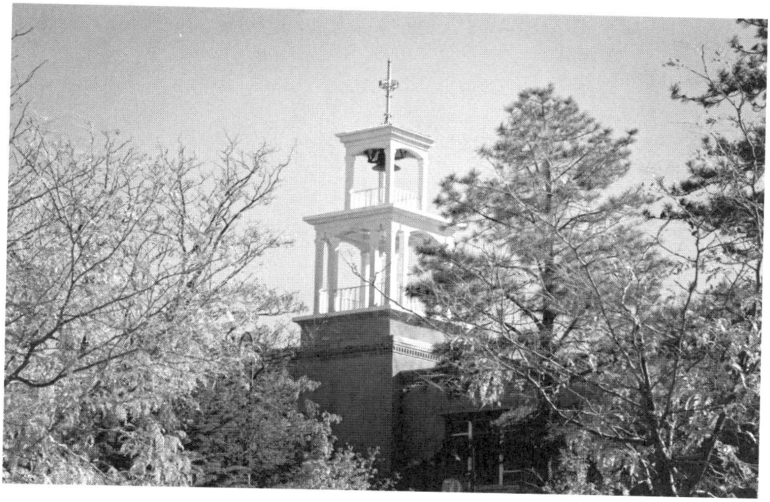

세인트존스의 종탑. 세미나 시간 15분 전이 되면 울려퍼지고, 졸업논문을 쓰고 나면 학생이 울릴 수 있다.

해 생각하는 시간을 가진다고 한다. 그는 이 기간을 '생각하는 주think week'라고 말한다. 세인트존스에서 '죽음의 주'라고 불리는 돈 래그가 빌 게이츠의 생각하는 주와 비슷했다는 걸 이제야 느끼고 있다.

물론 세미나를 제외한 모든 수업들이 끝나고 돈 래그만 남겨 놓은 학생들은 한 학기가 끝난 것을 자축하고 놀기 바쁜 게 사실이다. 나 역시 학교를 다닐 때 이 기간에는 친구들과 신나게 놀다가 돈 래그에 들어갈 때만 긴장을 하곤 했다. 하지만 기록은 해두고 싶었기에 돈 래그 후에는 하루 정도 시간을 들여 돈 래그에서 들었던 말을 전부 기록했다. 그 과정에서 튜터들이 보는 나의 문제점에 대해 생각해보고 다음 학기에는 그걸 어떻게 고치면 좋을지 생각해보았다. 당시에는 몰랐지만 그 시간들이 나에게 큰 도움이 되는 소중한 시간이었다는 걸 깨닫게 되었다. 학교에서는 현명한 인생 선배(튜터)들에게 조언을 받는 것에 익숙했었는데, 학교를 졸업하고 사회에 나와 보니 그렇게 나를 평가해주는 사람도 조언해주는 사람도 없기 때문이다. 학교에 있을 때는 벌벌 떨었던 세인트존스만의 특별한 학생 평가제도인 돈 래그의 소중함을 알게 되는 순간이었다.

이제는 스스로 '죽음의 주'를 만들어 나를 점검하고 있다. 비록 튜터들만큼 객관적으로 나를 평가할 수는 없지만 이제는 스스로 해나갈 수 있는 능력을 키웠다고 믿는다. 돈 래그를 통해 이런 연습을 충분히 했기 때문이다.

# 2

# 진짜 공부하는 법 배우기

훌륭한 지성과 상상력.

이런 자질은 광범위한 연구와 열린 토론 문화를 통해 이룬

세인트존스 교육의 특징이다.

세인트존스의 학생들은

질문을 통해 자신의 생각을 발전시킨다.

## 그 누구도 아닌 나 스스로 하기

'고전'과 '토론.' 세인트존스를 표현하는 대표적인 키워드다. 하지만 이 단어들보다 더 중요한 키워드가 하나 더 있다. 바로 '자율'이다. 세인트존스의 모든 토론 수업은 자율성을 기반으로 한다. '자율적이지 않은 공부가 있나?' 하는 생각이 들 수 있다. 그렇다. 사실 자율적이지 않은 공부는 없다. 아무리 떠먹여주려고 해도 학생 본인이 스스로 배움을 갈망하지 않는다면 아무것도 배울 수 없기 때문이다.

하지만 내가 말하려는 세인트존스의 자율은 조금 다르다. 그야말로 배움의 모든 것이 학생에게 달린, 최고로 적극적인 자율이기 때문이다. 도대체 무슨 말일까? 좀 더 이해하기 쉽게 '강의를 통한 배움'과 '토론을 통한 배움'의 차이를 비교해보자.

이미 설명했지만, 세인트존스에는 강의가 없다. 모든 수업이 책을 읽고 토론하는 형태로 이루어지기 때문이다. 학교에 가기 전, 처음 이 말을 들었을 때 나는 단순하게 생각했다. '아, 강의가 없고 토론이 있구나. 좋네.' 하지만 그렇게 단순하게 생각할 게 아니었다. 이 '강의 대신 토론'이라는 개념은 수업을 듣는 학생들에게 공부를 준비하는 과정부터 시작해서 어떤 배움을 얻느냐 하는 그 결과까지 어마어마한 차이를 불러오기 때문이다.

### 강의 전쟁터 VS. 토론 전쟁터

우선 강의 수업을 보자. 한국의 초·중·고등학교에서 하는 일반적인 수업은 강의 형태다. 선생님이 칠판 앞에 서서 교과서에 있는 여러 정보들을 설명해준다. 학생들은 선생님이 중요하다고(시험에 나온다고) 하는 부분을 표시해놓고 필기한다. 궁금한 것이 있으면 질문도 할 수 있다.

토론 수업은 어떨까? 토론을 하기 위해서 학생들은 각자가 토론 내용을 준비해오는 것으로 시작한다. 그리고 (토론의 종류에 따라) 대화와 논쟁을 하며 공통된 주제에 대한 각자의 의견을 나눈다. 이것이 강의와 토론의 가장 큰, 모두가 알고 있는 차이점이다. 이 다른 방식의 수업이 학생들에게는 어떤 영향을 줄까?

우선 수업 준비 과정을 보자. 강의 수업의 경우 수업 준비를 하는 사람들은 교수(선생)님들이다. 학생들이 예습을 해온다면 금상첨화겠지만 예습이 필수는 아니다. 학생들은 선생님이 준비해온 강의를 잘 듣고 나서 스스로 공부를 시작한다. 하지만 토론 수업의 경우 수업을 위해 준비해야 하는 사람은 선생님이 아니라 학생이다. 학생이 준비해오지 않으면 토론은 이루어질 수 없다. 따라서 토론 수업에 참여하는 학생에게는 토론 주제에 대한 공부, 예습이 필수다.

간혹 토론 수업이어도 준비를 안 해도 될 때가 있다. 내 4학년 언어 수업이 그랬다. 윌리엄 포크너, 버지니아 울프 등의 책을 읽었는데,

책의 일정 부분을 수업 시간에 같이 읽고 그 느낌을 바로 이야기하는 식으로 수업이 진행됐다. 미리 읽어오지 않았기 때문에 더 생생한 아이디어와 표현이 나올 수 있었다. 그 때문에 튜터는 학생들이 예습하지 않고 오길 바랐다. 하지만 이것은 특별한 경우고, 보통 토론 수업은 예습과 사전 준비가 필수다.

강의와 토론 수업의 이런 준비 과정의 차이는 전쟁터의 군인에 비유할 수 있다. 학생이 강의를 듣는 데 필요한 것은 우선 교과서(전공 서적)이다. 강의 전쟁터로 나가는 군인은 교과서라는 총을 잘 챙겨야 한다. 무기 사용법에 대한 사전 지식이 없어도 열정이 있고 몸만 멀쩡하다면 전쟁터로 가도 괜찮다. 강의 전쟁터에는 총을 가지고 오기만 하면 사용법을 가르쳐주는 사람, 교수님이 있기 때문이다.

하지만 토론 수업에선 이것이 불가능하다. 토론 전쟁터에는 교과서라는 총이 없기 때문이다. 대신 토론 주제나 토론할 책이 있지 않느냐고 생각할 수 있는데, 그 책은 총이 아니다. 교과서나 전공 서적이 있다는 것은 그날 수업에서 배워야 할 '학습 목표'가 있다는 말이다. 학생들이 무엇을 배울지 뛰어난 전문가들이 이미 다 정해놓은 것이다. 그러나 세인트존스의 수업에는 읽어야 할 고전들 그 자체만이 있을 뿐, 거기에서 무엇을 배울지는 학생들이 결정해야 한다. 따라서 토론 전쟁터에 가는 학생들은 어떤 총(배움)을 얻고 싶은지 미리 생각해본 후 자신만의 총을 만들어 전쟁터에 나가야 한다.

강의와 토론 수업의 두 번째 차이점은 '수업 중 학생들의 역할'에서 볼 수 있다.

## 총을 들고 탭댄스를

다시 강의식 수업을 살펴보자. 강의 수업은 준비하고 가지 않아도 크게 문제가 없었다. 어쨌든 총은 모든 군인에게 주어지고 전쟁터로 총을 가져오기만 하면 교수님이 사용법을 가르쳐주기 때문이다. 그렇게 강의 수업에선 교수님의 해박한 설명을 들으며 교과서 내용을 함께 배우면 된다.

그렇다면 토론식 수업은? 토론 수업에는 공통된 교과서가 없으며 학생들은 저마다 알아서 총을 만들어왔다(무엇을 토론하고 싶은지 그 배움의 주제를 각자 정해왔다는 말이다). 그리고 이들이 전쟁터에 오는 순간부터 싸움은 시작된다. 이들에겐 총 사용법을 가르쳐주는 교수님은커녕 공통된 설명서조차 없다. 모두 다 똑같은 총을 가지고 있는 게 아니기 때문이다. 따라서 각자가 가져온 총(교과서)의 사용법을 스스로 익혀야 한다. 자신이 가지고 온 배움의 주제를 스스로 탐구해야 하는 것이다.

그렇게 스스로 총을 만들어(배움의 주제를 정하여) 사용법을 익히고(그 배움을 탐구하고) 전쟁터로 온(토론 수업을 하러) 학생이라면 자기를 죽이려는 적군(자신의 의견에 반대 의견을 내는 학생)으로부터 자신을 보호할 수 있다(토론을 통해 가치관을 세워나갈 수 있다).

예를 들어보자. 강의 수업에서는 상관이 총 쏘는 법을 가르쳐준다. 하나, 총알을 장전한다. 둘, 목표물을 조준한다. 셋, 방아쇠를 당긴다. 그러면 학생들은 그 방법을 배우고 연습한다. 모두 같은 방식으로 총을 쏘는 데다 사령관이 전쟁을 지휘하기 때문에 힘든 전쟁에서 효과적으로 승리할 수 있다는 장점이 있다. 하지만 모두 똑같은 총 사용

수업에 오기 전, 모든 학생들은 스스로 배움의 주제를 정하고 생각을 정리해야 한다.

법을 배우고 상관의 지휘 아래 단체로 행동해야 한다는 단점도 있다.

반면 토론 수업에서는 스스로 사용법을 익히고 오기 때문에 엉뚱한 총 사용법이 있을 수 있다. 하나, 총을 들고 탭댄스를 춘다. 둘, 추다가 필이 오면 방아쇠를 당긴다. 이와 같은 법을 자기 스스로 만들어서 온다. 그 후 전쟁터에서 이들이 하는 일은 자기가 연구해온 대로 우선 총을 쏴보는 거다. 각자가 연구해온 방법을 살펴보면서 다른 사람의 방법을 물어보기도 하고, 따라 해보기도 하고, 자신의 방법을 더 발전시키기도 한다. 도중에 누군가가 "야, 탭댄스는 너무 무의미해!"라고 말하면 탭댄스를 추는 과정을 빼기도 하지만, 이것 역시 자기 마음이다.

이것이 가장 큰, 강의와 토론의 두 번째 차이이다. 강의 전쟁터의 군인(학생)들은 상관(교수)의 지휘 아래 똑같은 방식으로 총 쏘는 법(지식, 배움을 얻는 방법)을 배운다. 토론 전쟁터의 군인(학생)들은 상관(교수)이 없기 때문에, 그리고 무기(각자가 배우려고 생각해온 내용)가 다 다르기 때문에 제각각 토론을 통해 자기만의 배움과 가까워진다.

강의를 들을 때 학생들이 할 일은 열심히 '듣는 것'이다. 강의 전쟁터에서 배운 사용법을 익히고 지휘관의 말을 들으며 전투를 해나가면 된다. 하지만 토론 수업에서 학생들의 역할은 자신의 의견을 열심히 '공유하는 것'이다. 의견 공유를 위해선 자신만의 의견이 미리 정리돼 있어야 하고, 토론 전쟁터에 나가서 역시 적극적으로 '말을 해야' 한다.

### '배움'이라는 승리를 성취하라

이런 차이가 있기 때문에 가장 중요한 마지막 단계 '학생들의 배움'이 달라진다. 강의 수업을 들은 학생은 모두 총 쏘는 3단계 정석을 배웠다. 지휘관의 말을 열심히 들으며 지시에 따라 함께 전쟁을 치렀다. 그렇게 모두 같은 정보를 습득하므로 학생들은 그 정보를 제대로 이해하고 기억했는지 다 같이 시험을 보게 된다.

하지만 토론 수업을 들은 학생들은 서로 의견을 공유하며 전쟁을 치렀고 각자 다양한 자신만의 방법으로 총 쏘는 법을 배웠다. 그래서 이 학생들은 같은 시험을 볼 수가 없다. 각자가 가져온 무기로 생각했고, 수업 시간에 발전시킨 생각과 그걸 통해 얻은 배움이 자신만의 정답이 되었기 때문이다.

강의와 토론, 두 방법 모두 장단점이 있다. 강의식 배움은 최고의 전문가들이 설정한 방향에 따라 함께 배운다는 장점이 있지만 자유

롭지 못하다는 단점도 있다. 반면 토론식 배움은 자유로운 만큼 책임이 따른다. 그렇기에 둘 중 어떤 하나가 다른 것보다 더 우월할 수 없다. 두 방식에서 각자 다른 배움을 얻을 수 있기 때문이다. 결국 개인마다 자신의 성향에 따라, 또 배우고자 하는 공부의 종류에 따라 더 맞는 공부법이 있을 것이다.

세인트존스의 토론 수업을 선택했다면 배움에 있어서 전투적이어야 한다. 배움을 성취하기 위해 시작부터 끊임없이 머리를 굴려야 한다. 토론 전쟁을 승리로 이끌 수 있는(배움을 얻을 수 있는) 지휘관은 교수님이나 선생님이 아닌 학생 자신이기 때문이다. 그렇게 스스로 배움의 목표를 설정하고, 여러 배움의 방식들을 시도해보며 그것을 공유하면 자신만의 배움을 성취할 수 있다. 이것이 배움의 자율성이다. 그리고 이것이 세인트존스가 가장 강조하는, 그리고 중요하게 여기는 '자유 교육liberal education'이다.

## 똑똑하지 않아야 공부가 시작된다

아리스토텔레스, 헤로도토스, 투키디데스, 단테, 마키아벨리, 데카르트, 아퀴나스, 셰익스피어, 파스칼, 밀턴, 홉스, 스피노자, 칸트, 애덤 스미스, 헤겔, 톨스토이, 하이데거, 니체……. 세인트존스에서 4년간 읽는다는 '고전 100권 리딩 리스트'를 보고 있으면 악 소리가 나온다. 정말 많은, 어려워 보이는 고전들이 적혀 있기 때문이다. 그런데 읽어야 하는 책들은 이게 다가 아니다. 리딩 리스트에 있는 책들은 고작 세인트존스 수업의 4분의 1인 세미나에서 토론할 때 필요한 리스트다. 나머지 4분의 3의 수업인 수학, 과학, 음악, 언어 수업에서는 유클리드, 아인슈타인, 맥스웰, 뉴턴 등의 책까지 읽어야 한다.

이쯤 되면 궁금해진다. "4년간 한 권만 판다 해도 제대로 읽고 이해하기가 힘든 수준의 어려운 고전들인데 이것들을 다 읽고 토론한다고? 학생들이 얼마나 똑똑해야 하는 거야?" 학교에 오기 전에 난 나만 빼고 다들 엄청 똑똑한 게 아닐까 걱정했다. 하지만 세인트존스 학생들이 특별히 똑똑한 건 아니었다. 똑똑해야만 뉴턴, 아인슈타인, 칸트, 헤겔을 읽을 수 있는 게 아니기 때문이다. 어려운 고전을 읽고 배우기 위해 필요한 것은 똑똑함이 아니었다. 오히려 똑똑하지 않아야 배움이, 공부가 시작된다. 똑똑하지 않으면 이해가 안 되기 때문에 "왜지?" 하고 끊임없이 질문하게 되고 그 질문을 통해 중요한 것이 길러진다. 스스로 '진짜 생각'을 할 수 있는 능력이 그것이다.

### '진짜 생각'을 하자

사실 난 입학하기 전에 리딩 리스트를 보긴 했지만 뭘 몰랐다. 한 번쯤은 들어본 유명한 사람들, 책들이었기에 그저 멋져 보였다. '오, 이런 책들을 읽게 된단 말이지?' 그동안 받은 주입식 교육 때문이었는지 내가 읽어야 할 책이고 스스로 고군분투해서 배우는 게 당연한데도, 이 학교를 다니면 누군가가 그 어렵다는 고전의 방대한 지식을 내 머릿속에 넣어줄 것만 같았다. 그런 마음가짐이었으니 당연히 첫 책부터 한계에 부딪히기 시작했다. 입학을 하고 수업을 듣기 시작하자마자 직면한 가장 큰 문제이자 4년 내내 노력해야 했던 문제는 내가 '진짜 생각'을 하지 못한다는 데 있었다.

진짜 생각, 그것은 무엇일까?

1학년 때는 책을 무작정 읽었다. "동해물과 백두산이 마르고 닳도록 하느님이 보우하사 우리나라 만세." 이렇게 읽고 나면 내 반응은 두 가지였다. 이해했다, 혹은 이해하지 못했다. 이해가 됐으면 잘하고 있다고 생각했다. '영원히 신이 우리를 보살피실 것이고 우리나라 만만세라는 뜻이구나. 이해됐어.' 이렇게 이해하고 수업에 가면 될 줄 알았다. 하지만 이렇게 준비해도 여전히 수업은 어려웠고 나는 토론을 하지 못했다. 책을 읽고 '이해'까지 했는데, 그거면 다 되는 줄 알았는데 여전히 무언가가 부족했던 것이다.

그 부족했던 것이 바로 '진짜 생각'을 하는 과정이었다. 이걸 깨닫기까지 오래도 걸렸다. 시행착오를 반복하면서 분석하다 보니 나는 토론 수업 준비를 위해 책을 읽고 '이해하기'는 했지만 그 후에 해야 할 '생각하기'를 하지 않았다는 것을 알게 됐다. '생각하기' 역시 많은 뜻이 있을 수 있다. 하지만 여기서 말하는 '생각하기'는 단순히 사물이나 현상을 보고 인식하는 수준의 생각하기가 아니다. 대신 스스로 관조해본다는 뜻의 생각하기와 비슷하다. 영어로 말하자면, 단순하게 현상만을 보고 인식하는 생각하기는 thinking, 더 깊이 골똘히 생각하기(심사숙고)는 contemplating이다.

쉽게 예를 들어보자면 이런 거다. 길에서 똥 싸고 있는 개를 봤다. 당신은 생각한다. '개가 똥을 싸네.' 이때 당신이 한 생각은 thinking이다. 그리고 당신은 또 생각한다. '아, 더러워.' 이때 한 생각이 바로 contemplating의 결과, 즉 내가 도달한 의견이다. 심사숙고는 각자만의 의견, 가치관을 낳는다. '진짜 생각하기'란 똥이 더럽다는 자신의 가치관을 확립해나가는 생각의 과정이다.

나는 처음 독서를 하면서 이 심사숙고해서 진짜 생각하기를 하지 않았다. 그저 애국가를 읽고 "'영원히 우리나라 만세'라는 뜻이구나" 하고 받아들이며 넘어갔다. 그러고는 내가 읽은 구절을 '이해했다'고, '생각해봤다'고 믿었다. 수업에 가니 토론을 할 수가 없었던 건 당연하다. 나는 진짜 생각을 해보지 않고 생각해봤다고 착각한 것이었다. 아무것도 모르겠다고 하면 오히려 낫다. 모른다는 것만큼은 알고 있으니 알기 위한 노력을 시작할 것이기 때문이다. 하지만 '이해했고

세인트존스에서 읽어야 하는 고전 100권. 세미나 수업을 위해 읽어야 하는 책이 이만큼이고 수학이나 과학, 언어 수업에 읽는 책이 더 있다.

무슨 뜻인지 알고 있다'고 생각하면 거기서 배움은 멈춰버린다. 그렇기 때문에 이 착각은 배움에 있어서 상당히 위험하다.

하지만 '아무것도 모르겠다'는 조금 다른 면에서 위험하다. 고전을 읽다 보면 정말 아무것도 이해가 되지 않는 때가 많다. 나도 처음에는 '이게 무슨 외계어야?' 싶은 심정이었다. 소설 고전들은 이야기라도 있어서 재미있었지만 사상을 담은 철학책들은 한 문단, 심지어 한 문장을 이해하기도 힘들었다.

이해는 안 되고 수업은 어렵고 해서 튜터들과 상담을 자주 했는데 백이면 백 다 그들은 딱 한 가지만을 요구했다. 질문하라는 것. 이건 나에게만 적용되는 게 아니라 세인트존스가 모든 학생들에게 바라는 것이었다. 심지어 어떤 수업에서는 매번 수업이 시작되기 전 테이블을 빙 돌아가며 모든 학생들이 질문을 하나씩 던지고 그 질문들을 모아놓은 채 수업을 시작했다.

처음에는 왜 질문을 하라는 건지, 그 의미를 잘 몰랐다. 무슨 질문을 하라는 걸까? 그래서 내가 "아무것도 모르겠어요. 이해가 되지 않아요."라고 하면 튜터는 되물었다. "어떤 부분이, 어떻게 이해가 되지 않지?" 통째로 이해가 안 간다는데, 어떤 부분이 어떻게 이해가 안 가냐고 묻는다면 뭐라고 대답해야 할까? 무엇이 문제일까? 답답했고 당황스러웠다. 상황이 그렇다 보니 나는 첫 질문을 하게 됐다. '나는 무엇이 어떻게 이해가 안 가는 걸까?' 이것이 바로 튜터들이 원했던 과정이고 질문이었다. 드디어 '진짜 생각하기'를 시작한 것이다.

### 게으른 생각이 배움을 막는다

아무것도 모르겠다는 말을 곱씹어보자. 정말 아무것도 모른다는 건 쉽지 않은 일이다. 만약 그 언어를 모르면 아무것도 모를 수 있다. 아랍어를 모르는 사람이 아랍어로 쓰인 책을 읽으면 정말 아무것도, 단 한 문장도 이해할 수 없을 것이다. 하지만 언어의 문제를 제외한다면 아무것도 모르기란 힘들다. 그럼에도 아무것도 모르겠다고 이야기할 자격이 있는 사람은 딱 두 종류가 있는데, 바로 아이들과 외국인이다.

애국가의 예시를 다시 보자. "동해물과 백두산이 마르고 닳도록 하느님이 보우하사 우리나라 만세." 이 구절을 읽었을 때 한국에 대해 아는 것이 전혀 없는 외국인이나 아직은 세상의 많은 것들이 새로운 아이들이라면 이해를 못 할 수 있다. 하지만 이 이해 안 되는 구절에 대해 수많은 질문이 나올 수 있다.

아이들: 동해물이 뭐예요? 백두산이 뭐예요? 물이 왜 말라요? 산이 왜 닳아요? 하느님은 뭐예요? 신은 뭐예요? 왜 신이 우리를 보살펴요? 우리나라는 어디예요? 만세는 무슨 뜻이에요?

'아무것도 이해하지 못한' 아이들조차도 이런 주옥같은 질문을 할 수 있다. 특히 이 질문들은 우리 어른들이 '알고 있다'고 생각하며 넘어가버리지만 실은 근본을 건드리는 아주 좋은 질문들이다. 외국인의 경우도 마찬가지다.

외국인: 동해물의 의미는? 많은 산 중에 왜 백두산일까? '내' 나라가 아니고 '우리'나라인 이유는? 한국인들에게 '우리'의 의미는?

외국인으로부터 나오는 질문들 역시 우리가 익숙하게 생각하는 것들을 새로운 시선으로 바라볼 때에만 나올 수 있는 좋은 질문들이다. 즉 '내용을 이해하지 못하는' 두 종류의 사람들에게서조차 이렇게 좋은 질문들이 나올 수 있다. 따라서 아무것도 모르겠다는 말은 함부로 할 수 있는 게 아니다.

아무것도 모르겠다는 말은 무책임하고 게으른 말이다. 몸의 게으름이 아닌 생각의 게으름에서 나오는 말인 것이다. 그 대상에 대해 고민해보지 않았고 여전히 별로 고민하고 싶지 않다는 뜻이다. 어떤 부분이 이해가 안 된다면, 왜 이해가 안 되는지 '진짜 생각'을 시작해봐야 한다. 자신이 무엇을 모르는지, 어디서 이해가 안 되기 시작했는지, 어떤 이유로 막혔는지를 '알고' 있어야 한다. 그것을 알고 질문하고 이야기할 때, 배움이 시작되기 때문이다.

결론적으로 책을 읽고 이해했다고 착각해도 안 될 일이고, 아무것도 모르겠다는 게으른 생각을 해서도 안 될 일이다. 그렇다면 어떻게 책을 읽어야 할까? 그 답은 자꾸 반복하고 있듯이 모든 튜터들이, 그리고 세인트존스가 학생들에게 바라는 '질문하기'에 있다.

### 질문이 답이다

사실 질문이 왜 중요한지는 이미 많은 사람들이 알고 있다. 질문이 중요한 이유는 수만 가지가 있을 수 있지만 나는 여기서 '배움'에만 집중해보도록 하겠다. 질문은 배움을 가져온다. 그래서 중요하다. 질문은 배움을 얻기 위한 과정이고 단계이기 때문이다.

"동해물과 백두산이 마르고 닳도록, 하느님이 보우하사 우리나라 만세"를 읽고 다음의 친구들이 반응했다.

A: 그래. 우리나라 만만세!
B: 왜 한라산이 아니라 백두산일까?
C: 하느님? 나는 불교인데, 부처님이면 안 되나?
D: 왜 '우리'나라일까?
E: 아~ 하나도 이해가 안 돼.

똑똑한 A는 애국가 첫 구절을 이해하고 동의했다. B는 산에 대한 질문을 함으로써 분단되기 전 한국의 시대상을 알 수 있었다. C는 신에 대해 고찰해보면서 한국의 종교에 관해 배웠다. D 역시 '우리'와 '나'의 개념에 대해 고민해보며 한국의 민족주의적 성향에 대해 배울 수 있었다. E는 이해가 되지 않는다며 생각하기를 포기했다.

A, B, C, D, E 이 다섯 명의 학생들 중 배움을 얻은 학생은 B, C, D이다. 그저 질문을 하나 던졌을 뿐인데 배움을 얻는 기회를 가지게 된 것이다. 반면 애국가를 이해하고 있는 그대로 받아들인 헛똑똑이 A, 생각하기를 포기한 게으른 E는 아무것도 배우지 못했다.

질문을 한다는 것은 알고자 하는 욕구가 있다는 뜻이다. 어떤 사실을 단순히 이해하고 받아들이는 헛똑똑이에 그치지 않고 질문을 던지기 시작하면 그 과정에서 다양한 '진짜 생각'들을 해보게 된다. 그리고 그 '진짜 생각'들을 정리하면서 우리는 사물, 현상, 세상에 대한 자신만의 가치관과 의견을 바르게 확립할 수 있다. 그것이 내가 생각하는 '배움'의 의미이고 진짜 똑똑하다는 것의 의미다. 그리고 그것이 세인트존스가, 그리고 튜터들이 학생들에게 가르쳐주고 싶어 한 핵심이 아닐까 생각한다.

"질문하라. 그리고 그 질문의 과정 속에서 스스로 배움을 얻어라!"

# 소크라테스 같은 튜터들

소크라테스의 문답법은 이미 많은 사람들이 알고 있다. 그는 질문으로 대화한다. 자신이 알고 있는 걸 강요하는 게 아니라 상대방에게 끊임없이 질문을 던짐으로써 스스로 깨닫게 하는 것이다. 소크라테스는 이런 자신의 역할을 《테아이테토스Theaetetus》에서 산파에 비유하기도 했다. 아이를 낳는 사람은 산파가 아닌 산모다. 산파는 그저 출산에 도움을 주는 역할을 할 뿐이다. 소크라테스 역시 자신은 학생들이 지혜를 낳는 데 도움을 주는 산파일 뿐이라고 말한다. 그런 그가 도움을 주는 방법은 그저 '질문하기'뿐이었다.

4년간 학교를 다니며 재미있게 들었던 수업이 몇 개 있는데, 이 수업들에는 중요한 공통점이 하나 있다. 바로 꼴찌가 내가 아니라 튜터였다는 것. 즉 교실에 있는 사람들 중 가장 이해력이 떨어지고 진도를 못 따라가는 학생이 바로 튜터였다는 말이다. 이 수업들이 좋았던 가장 큰 이유는 바로 그 꼴찌 역할을 하는 튜터들이 언제나 질문을 했기 때문이다. 그렇다. 이번 역시 질문이다.

가끔은 튜터 집에 초대돼 편안한 분위기에서 다같이 세미나를 하기도 한다.

## 질문하는 스승

내가 좋아한 수업들을 생각해보면 튜터들이 하나같이 다 질문하는 소크라테스 역할을 했다. 그런데 이 소크라테스 역에도 여러 캐릭터들이 있었다.

### ■ 꼬리물기 질문형

내 세미나 튜터 중 한 분은 언제나 호기심 가득한 눈으로 학생들을 쳐다보며 끊임없이 질문하셨다. 학생이 한마디만 꺼내도 질문이 꼬리에 꼬리를 물고 늘어졌다.

학생: 애국가는 정말 지루해요.

튜터: (눈을 반짝이며) 왜 지루해?

학생: 뻔한 말만 늘어놓고 있거든요.

튜터: 어떤 부분이 뻔하지? 너에게 뻔하다는 건 어떤 의미지?

그 질문들에 답을 하고 있다 보면 별 고민 없이 익숙하게 생각하고 판단했던 것들과, 습관적으로 사회적으로 받아들였던 생각들을 돌아보게 됐다. 그렇게 돌아보다 보면 어떤 때는 처음 말했던 내 의견이 잘못됐다는 걸 깨닫기도 했고 어떤 때는 역시 내 의견이 옳았다는 걸, 그러나 거기에는 내 생각보다 다양한 이유가 있었다는 걸 자세히 알게 되기도 했다. 그렇게 끊임없이 이어지는 질문을 하는 튜터도 있었지만 아예 다른 스타일로 질문하는 튜터도 있었다.

■ 핵심 질문형

이 유형의 튜터는 학생들이 하고 있는 이야기를 주의 깊게 듣고 말을 아끼다가 핵심적인 질문 하나를 툭 던지는 식이다. 그렇게 질문을 하고서 씩 웃으며 학생들의 반응을 기다렸다.

A: 하늘은 하늘색이야.

B: 하늘은 파란색이지. 하늘이 하늘색이면 바다는 바다색이게?

C: 하지만 하늘을 파란색이라고 할 순 없어. 노을 질 때 빨간색이 되기도 하잖아?

A: 그렇게 색이 변하기 때문에 하늘은 파란색이 아니라 하늘색이라고 해야 해.

튜터: 그래서 우리가 지금 하고 있는 이야기가 뭐야? 색깔에 대한 얘기

야, 아니면 하늘이나 바다 색깔에 대한 명칭의 의미를 정의하는 거야?
(웃음)

이렇게 튜터가 질문을 하면 뭔가 대단히 심오한 이야기라도 나누고 있다고 착각했던 학생들은 한 대 얻어맞은 것같이 멍해질 때가 있었다. 본질을 이야기하는 것이 아니라 현상만 건드리고 있었구나 하는 것을 튜터의 질문을 통해 깨닫게 됐기 때문이다.

■ 자발적 꼴찌형

그러나 그중 내가 제일 좋아했던 스타일은 대놓고 꼴찌 역할을 하는 튜터들이었다. 내가 좋아했던 수학 수업의 튜터는 언제나 수학이 자신의 취약점이라며 자기비하(?)를 했다. 학생들과 비교(할 수도 없지만 그럼에도 비교)하자면 당연히 제일 잘했지만, 늘 아닌 척했다. 그래서 학생 중 하나가 어떤 문제에 대한 답을 제시하면 언제나 조용히 다른 학생들이 먼저 말할 시간을 주었고 그래도 이해를 하지 못한 학생이 있는 듯하면 이렇게 질문했다. "아, 정말 이해가 안 돼. 히히! (다른 학생들에게) 너희들은 다 이해했어? 이번에도 나 혼자만 이해 못 하는 거야? 다시 한 번 설명해볼래?"

또는 다른 학생이 무엇을 질문하면 언제나 그것에 맞장구를 쳐주기도 했다. "오오! 맞아, 맞아. 실은 그게 내가 궁금했던 거였어!" 또 학생이 너무 어렵게 설명하는 것 같으면 "안 돼, 안 돼. 네 살짜리 내 딸한테 설명한다고 생각하고 다시 말해줘봐. 너무 어려워"라고 더 쉽게 설명할 것을 부탁했다.

그런 식으로 무지를 가장하면서 모든 학생들이 이해할 때까지 계속 반복할 수 있도록 한 것이다. 덕분에 중요한 개념을 반복하고 또 다른 말로 설명해보고 하면서, 학생들은 스스로 이해했다고 생각했지만 사실은 아니었다는 걸 깨닫게 되기도 하고, 그러면 다시 설명해보려고 도전하기도 하고, 생각을 다시 정리하기도 하며, 더 정확히 자신들의 위치를 파악하고 다시 시작할 수 있었다.

이외에도 온갖 종류의 질문형 튜터들이 있다. 유머와 함께 질문하는 튜터, 진지한 질문들을 시종일관 내던지는 튜터, 날카로운 학자 느낌으로 질문하는 튜터, 호기심 가득한 얼굴로 질문하는 튜터, 시니컬하게 질문하는 튜터, 호통을 치는 튜터 등 정말 많은 스타일이 있다.

하지만 그렇다고 세인트존스의 모든 튜터들이 다 소크라테스식 문답을 한다고 말할 순 없다. 각자 자신의 스타일대로 수업을 끌어가기 때문이다. 소크라테스처럼 오로지 질문만 던지는 튜터가 있는가 하면 어떤 튜터들은 질문을 하는 대신 자신의 생각을 더 많이 이야기하기도 한다. 열정적인 학생이 한 명 더 있는 것 같은 느낌을 주는 튜터들도 많았다. 토론해야 할 부분을 그 누구보다 열심히 읽고 와서 학생들과 함께 공부하는 것이다. 이처럼 여러 스타일의 튜터들 중 어느 누가 더 낫다고 말할 수는 없다. 모두 장단점이 있기 때문이다. 학생들 역시 자신의 성격, 선호하는 스타일에 따라 좋아하는 튜터가 천차만별이다.

하지만 튜터들 모두에게 공통점이 있는데 그건 바로 그 어떤 학생보다 열심히 공부하고 수업에 온다는 것이다. 그도 그럴 것이 세인트존스에서는 책 읽고 공부하는 것을 즐기지 않는다면 학생이나 튜터

나 살아남을 수가 없다. 특히 읽은 책들을 읽고 또 읽고 반복해 읽어야 하는 튜터들의 경우는 더하다. 이런 튜터들은 나에게 그리고 학생들에게 배움에 대한 즐거움과 진짜 공부란 무엇인지를 알려주었다. 강의를 통해 또는 조언을 통해 자신들이 어떻게, 얼마나 즐겁게 공부하는지 몸소 보여주면서 '깨닫게' 만들었다. 결코 가르치지 않았다.

### 학생보다 더 열심히 공부하는 스승

한번은 세미나 수업에서 '무슨 말이라도 해야 하는데' 하는 생각에 사로잡혀, 책 읽고 이야기하는 것이 즐거움이 아닌 어마어마한 스트레스로 느껴져 튜터와 상담을 하기 위해 약속을 잡았다. 시간에 맞춰 튜터의 사무실에 갔는데 그는 꼭 사차원 세상에라도 있는 듯한 표정으로 골똘한 생각에 잠겨서 나를 맞이했다.

"무슨 일 있으세요? 지금 시간 괜찮으신 거예요?" 하고 묻자 튜터는 심각한 얼굴로 이야기를 꺼냈다. "내가 오늘 저녁에 있을 세미나에서 토론할 책인 토마스 아퀴나스의 《신학대전Summa theologiae》을 읽고 있는데 말이지, 신에 대한 인간들의 의견이 크게 두 부류로 나뉘는 것 같아. '철학적 측면에서의 신'과 '사회적, 정치적 측면에서의 신'이 있는 것 같다는 생각이 들었거든……."

그 후로 내 공부 고민은커녕 철학적 존재로서의 신, 정치적 리더로서의 신에 대해 튜터가 고민하고 있는 생각들을 들으며 시간 가는 줄 몰랐다. 나는 그렇게까지 깊이 생각해보지 않았기 때문에 별로 할 말이 없었지만 튜터가 엄청나게 고민한 의견을 들으면서 끊임없이 동의했다. 그래서 같이 머리를 굴리며 생각에 생각을 하게 됐다.

학생보다 더 열심히 공부하는 튜터들에게 진짜 공부와 배움의 즐거움뿐 아니라 인생을 사는 법까지 배웠다.

그 후 튜터가 "오! 그러고 보니 어떤 고민으로 나를 찾은 거지?" 하고 물었고 그제야 나도 정신이 돌아왔는데 거의 한 시간이 흐른 후였다. 순간 웃겨서 하하 웃어버렸다. 우리가 한 얘기는 내가 고민했던 '공부를 어떻게 즐겁게 할 것인가?'가 아니라 전혀 생뚱맞은, 신에 대한 것뿐이었지만 내 고민은 더 이상 고민이 아니게 느껴졌다. 이미 고민에 대한 답이 나왔기 때문이다. 오늘 저녁 읽을 세미나 책이 이렇게 재미있는 내용이었다는 것을 튜터가 (전혀 의도치 않게) 자신의 생각 과정 속에 나를 끌어들임으로써 보여주었으니까. '이렇게 재미있는 공부였구나. 그런데 자꾸 잊어버리고 숙제처럼 생각하고 있었구나!' 튜터실을 나오면서 빨리 가서 책을 읽고 내 생각도 정리해보고 싶어졌다.

### 인생을 가르쳐주는 정신적 스승

사실 그럼에도 배움은 힘들다. 모든 수업은 미칠 것처럼 어렵다. 아니, 수업이 아니라 읽는 책이 어렵다. 재미있게 배움을 얻고 있는 거라고 마음먹으려 아무리 노력해도 어렵다. 너무나 평범한, 심지어 하찮은 지식 수준을 가지고 있는 내가 어떻게 세기의 천재라는 뉴턴, 아인슈타인, 칸트, 하이데거 같은 학자들의 책을 읽고 이해만이라도 할 수 있단 말인가? 저자와의 소통…… 좋은 말이다. 하긴, 소통을 하긴 했다. 매번 저자들은 나에게 말을 걸어왔다. "너 같은 바보는 이해 안 되지?" 하고. 과장 같지만 과장이 아니다. 그만큼 고전 읽기는 힘들었다(그리고 여전히 힘들다). 매일같이 좌절의 늪에서 허우적댄다.

저자는 천재고 나는 바보라고 인정하고 이미 죽은 과거의 천재와 비교당하는 건 그나마 영광이다. 나보다 훨씬 나아 보이는, 나보다 더 책을 잘 이해하는 것처럼 보이는 내 옆자리 친구들과의 비교는 더 큰 스트레스다. 안 그래도 좌절의 늪에서 허우적대는데 그렇게 하나 둘 비교하기 시작하면 완전히 늪의 밑바닥으로 내리꽂힌다.

그럴 때 내가 할 수 있었던 유일한 것이 튜터와의 상담이었다. 자존감이 낮아지고 낮아져서 더 이상은 낮아질 수 없을 것 같을 때면 아무것도 위안이 안 돼 한동안 숨어 있는다. 그렇게 있다가 언제나 튜터와의 점심 약속tutor lunch* 으로 그 은둔을 끝냈다. 튜터들은 학생과 약속을 잡고 만나는 것이 익숙하다. 그들은 어떻게 지내냐는 질문으로 대화를 시작한다. 그러면 그동안 쌓아놨던 것들, 은둔하며 정리했던 내 생각들을 다 얘기했다. 한없이 바보 같고 아무리 노력해도 매번 좌절한다는 얘기, 이 고비를 넘겼다 싶으면 그다음은 또 저 고

* 학생이 학교 다이닝홀에서 튜터에게 점심을 사며 상담을 하는 것이 세인트존스의 전통이다. 물론 커피숍이나 튜터 사무실에서 보기도 하며, 장소와 시간은 서로 조율할 수 있다.

비…… 그렇게 끝이 없다는 얘기도 했다.

그런 얘기를 하면 튜터의 성격에 따라 다른 조언들이 나온다. 수업에서 자신의 위치를 파악하고 어떤 식으로 공부해보라고 현실적 조언을 해주는 튜터도 있고, 끝없이 용기를 주는 튜터도 있다. 호통을 치면서 이렇게 저렇게 할 것을 약속하게 하는 튜터도 있었다.

하지만 가장 기억에 남는 튜터는 전래동화 같은 이야기를 해준 분이었다. 내가 세상의 온갖 좌절은 다 맛본 듯한 표정으로 더 이상 정말 못 해먹겠다고 돌려 말하고 있던 참이었다. 내 말을 다 들은 튜터가 갑자기 물었다. "중국의 '욕심쟁이 농부' 이야기 알아?" 너무 생뚱맞아서 되물었다. "그게 뭐예요?" 그러고 나서 다음의 이야기를 들었다.

중국에 어떤 부지런한 농부가 있었다. 그는 농사를 잘 지어보겠다는 결심을 굳게 하고 불타는 열정을 보이며 밭에 식물들을 잔뜩 심었다. 어찌나 열심히 나무들을 관리하는지 온 마을 사람들이 입을 모아 그를 칭찬했다. 그러나 다른 집 밭의 식물들은 무럭무럭 자라 열매를 맺는데 유독 그의 밭만 1년이 지나도 아무런 변화가 없었다. 모두 정말 이상한 일이라고 생각했다. 그러던 어느 날 한 마을 사람이 농부의 일과를 관찰하고 그 이유를 발견해냈다. 농부는 하루 종일 정성을 다해 식물들을 관리했는데, 과한 열정에 성질까지 급했던 나머지 밤이면 밤마다 밭에 가서 식물들이 잘 자라고 있나 하나하나 다 뽑아 뿌리를 확인하고 다시 심어놓기를 반복했던 것이다.

이야기를 마친 튜터는 덧붙였다. 오늘 하루 물 주고 내일 꽃이 피지 않았다고 우울해져서 그날 할 일을 포기하지 말라고. 오늘의 '감정'에 좌지우지되지 말라고. 당장 결과가 보이지 않아도 끈기를 가지고 꾸준히 하다 보면 발전하고 있는 모습이 분명히 보일 거라고 했다. 다른 사람들에게는 뻔한 말처럼 들릴 수 있겠지만 당사자인 나에게는 꼭 필요한 이야기였다. 적절한 시기에 훌륭한 조언을 해주고 나를 다시 일어나게 해주는 스승이 있다는 것에 정말 감사했다.

튜터로부터 받은 건 조언뿐만이 아니었다. 여러 복잡한 문제들이 한 번에 터지는 바람에 스트레스가 극에 달했던 3학년 때도 튜터와 상담을 했다. 튜터는 내가 너무 안돼 보였던지 시내 레스토랑에서 따끈한 베트남 쌀국수를 사주었다. 아시아 음식을 먹고 원기를 회복하자고 말하며 따뜻한 미소를 지어 보이던 모습에 감동받아 펑펑 울기도 했다.

배움은 책 안에만, 학문 안에만 있는 것이 아니다. 경험 많은 현명한 튜터의 조언 한마디는 내가 배움에 좌절하고 혼자 해답을 찾기 위해 끙끙대다 지쳐 있을 때 언제 그랬냐 싶게 한 번에 다시 일어날 힘을 주었고, 그 과정 자체가 나에겐 배움이었다. 나는 잘난 거 하나 없는 학생이었지만 튜터들은 자신이 할 수 있는 진정 어린 도움을 주었고, 그것은 이국땅에서 외롭게 공부하는 나에게 매번 큰 힘이 되었다. 그리고 나 역시도 혹시 누군가를 도울 일이 생긴다면 진심을 다하고 싶다고 생각했다. 세인트존스에 있으면서, 그리고 고전을 공부하면서 나는 훌륭한 스승들에게 인생을 사는 법까지도 배웠다고 생각한다.

# '다름'을 소통한다는 것

"소크라테스와 점심 한 끼를 할 수 있다면 전 재산을 내놓을 수도 있다"고 스티브 잡스는 말했다. 그만큼 대단했고 존경받았던 철학자 소크라테스는 안타깝게도 이미 2,000년 전에 죽었다. 그러나 지금도 그런 천재들과 대화를 할 수 있는 기회가 있으니 그게 바로 고전 읽기를 통해서다. 책은 작가의 치열한 생각을 최고로 간결하게 정리해놓은 집약본이다. 책을 읽으면 작가의 생각을 엿볼 수 있다. 그래서 세인트존스에서는 모든 학생들이 책을 읽는다. 시대의 천재들이 했던 생각을 엿보는 그 과정 속에서 배움을 얻기 위해. 하지만 책을 읽는 것은 배움의 시작일 뿐이다. 조니들은 책을 읽고 수업에 간다. 그리고 거기에서부터 드디어 진짜 배움의 과정이 시작된다. 토론의 또 다른 이름, 소통을 통해서다.

### '다름'을 소통하라

책을 읽는 과정을 통해 우리는 작가의 생각을 엿보았고 작가와 '소통'했다. 그러나 이 소통은 일방적인 것이다. 내 이야기는 하지 못했으니까. 하지만 수업에 가면 쌍방향 소통이 이루어진다. 수업에는 같은 작가와 (책을 통해 각자) 만난 후 자신만의 의견을 가지고 온 친구들이 있기 때문이다. 사실 평소에는 나와 '다른' 친구들을 만나면 불편했다. 그러나 이 다른 친구들이 세인트존스에서는 소중한 존재다. 다르기 때문에, 다름을 통해 배울 수 있기 때문이다.

다음의 예시를 보자. 책을 통해 (이미 저세상에 가 있는) 작가는 말했다.

작가: 똥은 세상에서 가장 유용하다.

이를 두고 학생들이 이야기를 나눈다.

치매 할머니와 함께 산 적이 있는 철수: 똥은 유용한 게 아니라 세상에서 가장 슬픈 거야.

의학을 공부하는 영희: 그렇지. 똥을 못 싸면 정상적으로 살아갈 수가 없지. 배출은 유용한 일이야.

케냐에 사는 사바나: 오, 예스! 아프리카의 어떤 부족은 소똥으로 집을 만들어.

만약 이들에게 "다들 작가의 말 이해했니?" 하고 묻는다면 모두 그렇다고 대답할 것이다. 모두가 이해했다는 말이 똑같이 받아들였다는 말일까? 그렇지 않다. 이해는 했어도 어떻게 '해석'했느냐는 천차만별일 것이다. 우리는 경험, 자라온 환경, 가치관에 따라 작가의 단순한 한마디조차 완전히 다르게 해석하고 받아들인다.

위의 예를 다시 보면, 치매 할머니와의 경험 때문에 똥을 슬프게만 생각했던 철수는 아프리카 어느 부족에게는 똥이 너무나 유용한 건축 재료로 쓰인다는 사실을 새롭게 알게 될 것이다. 사바나는 한 번도 생각해보지 못했던 똥의 의학적 역할에 대해 생각해볼 수 있다. 똥의 새로운 면모들을 발견하게 되는 것이다. 이것이 소통의 힘이다. 이렇게 서로 다른 의견들을 나누고 있다 보면 배움이 찾아온다.

그러나 소통은 그렇게 쉽게 할 수 있는 것이 아니다. 위의 예시처럼 단순한 똥 얘기라면 괜찮겠지만 좀 더 깊이 있는 주제로 들어가면 자신의 가치관, 신념 등을 놓고 이야기하는 경우가 많아지기 때문이다. 그렇게 되면 자신의 의견과는 '다른' 친구들의 의견과 충돌하기 시작한다. 충돌이 시작되면 토론discussion이라는 수단을 통해 이루어지고 있던 소통communication은 논쟁debate이 되고 누가 옳고 틀리냐를 두고 싸우게 된다.

그렇게 토론이 논쟁으로 변질되는 것은 세인트존스의 수업 방식이 아니다. 세인트존스의 '토론'은 '어떤 주제에 대해 찬반으로 나뉘어 서로의 주장을 관철시키기 위해 설득하는 말하기'가 아닌 소통으로서의 토론이기 때문이다. 세인트존스의 토론은 학생들이 서로 다른 주장이나 의견을 가지고 있더라도 그걸 나누고 궁금한 것들을 더 캐묻고 의견을 나누는 정도지, 누가 이기고 지는 성격의 것이 아니다.

#### 소통의 매너를 익혀라

토론을 할 때는 어떤 주제에 대해 깊은 이야기를 나누기 때문에 서로의 의견 충돌은 피할 수 없다. 아니, 피할 수 없는 게 아니라 새로운 것을 배우기 위해선 충돌해야만 한다. 다른 의견을 들어야 자신의 제한된 생각에만 머물지 않고 시야를 넓힐 수 있기 때문이다. 내가 생각하지 못했던 새로운 의견을 듣는 건 신나는 일이다. 내 한계를 벗어나야 그 이상의 것을 볼 수 있게 된다. 하지만 동시에 전혀 말도 안 되게 느껴지고 받아들여지지 않는 의견을 듣는 경우도 많다. 지구는 둥글다고 주장한 갈릴레오가 미친 사람 취급을 받았던 것처럼 지금은 옳다고 밝혀진 많은 진리들이 예전에는 그랬다.

어찌 보면 자신이 평생을 믿어온 가치관에서 완전히 벗어나는 의견들을 쉽게 받아들일 수 없는 것은 당연하다. 그러나 그때 소통을 단절하면 나는 여전히 지구가 네모나다고 믿는 내 세상 속에만 머물게 된다. 그렇기 때문에 소통하는 법을 익혀야 하는 것이다. 의견이 다른데도 불구하고, 전혀 동의할 수 없음에도 불구하고 계속 소통을 해나가기 위해. 그래서 모두가 진리에 다가가기 위해 함께 노력하는 과정에서 배움을 얻기 위해.

이 과정을 잘해내기 위해선 꾸준한 연습이 필요하다. 소통의 매너를 익혀야 싸우지 않고, 서로 기분 상하지 않으며 함께 배울 수 있기 때문이다. 그래서 세인트존스에 처음 가면 학생들은 소통의 매너를 익히느라 많은 시간을 보낸다. 특히 1학년 돈 래그 때는 튜터들이 지적하는 학생들의 문제점 중 거의 대부분이 수업에서의 매너에 관한 것이다. "말이 너무 많다(다른 의견을 들어라)." "말이 너무 적다(네 의견을 표현해라)." "다른 사람의 말을 끊지 마라(다른 사람을 배려해라)." 등이다. 여기서 핵심은 다른 이들을, 다른 의견들을 열린 마음으로 존중하라는 것. 그것 하나다.

세인트존스에서 수업을 같이 듣다 보면 서로에 대해 속속들이 알게 된다.

타인을 존중하기 위한 제일 효과적인 방법 중 하나가 경어쓰기다. 우리는 수업 때 모두가 경어를 쓴다. 심지어 튜터들조차 학생들을 '~ 씨Mr./Ms.'라고 부른다. 자칫 감정적이 되거나 싸우게 될 수도 있는 토론을 배움이 가득한 토론으로 만들기 위해서는 서로 거리를 두고 격식을 갖추는 게 효과적이기 때문이다. 특히 세인트존스는 아주 작은 커뮤니티이기 때문에 시간이 지나면서 서로 엄청 친해지는데 그렇기 때문에 수업 때는 더욱더 거리를 두는 것이다.

### 좋은 클래스메이트란

매너만큼 중요한 것이 바로 수업을 같이 듣는 친구들 각자의 역할이다. 토론 수업은 개개인이 자신의 의견을 나누는 수업이다 보니 책이나 교수에게서가 아니라 학생들이 서로에게서, 서로를 통해서 배우는 것이 많다. 따라서 얼마나 괜찮은 클래스메이트가 있느냐 역시 배움에 있어서 아주 중요하다. 어떤 친구들이 좋은 클래스메이트일까?

똑똑하고 지적으로 많이 알고 있는 친구들이 무조건 좋은 클래스메이트라고 할 수 없다. 모두가 똑똑하면 수업은 엉망진창이 된다. 실제로 나는 머리 좋기로 소문난 친구들이 한꺼번에 몰린 수업의 구성원이 된 적이 있었다. 처음에는 '우와, 똑똑이들이 다 모여 있어!' 하면서 좋아했다. 하지만 그 수업은 1년 내내 최악이었다. 사공이 많아 배가 산으로 간 것이다.

모든 수업에는 각자 학생들의 개성, 성격에 맞는 역할들이 있다. 똑똑한 학생, 질문하는 학생, 유머를 날리는 학생, 언제나 반대 의견을 내는 학생, 잘난 척하는 학생, 자책하는 학생, 수줍은 학생, 자신감이 과한 학생. 여러 유형의 학생들 중 많은 튜터와 학생 들이 선호하는 유형은 아무래도 모든 걸 두루두루 잘하는 학생이다. 잘 듣고, 자신의 의견도 적절하게 표현하고, 그 의견 안에 통찰이 있고, 거기에 더해 다른 학생들 사이에서 중재까지 가능한 학생. 4년간의 토론을 통해 이런 경지에 도달하자는 것이 궁극적인 목표이기는 하나 사실 이렇게 되는 학생들은 많지 않다(자기는 이런 경지에 도달했다고 착각하는 학생들도 있으나 객관적으로 따져보면 아닌 경우도 많다).

게다가 세인트존스의 수업은 보통 대학의 수업처럼 학기마다 바뀌는 게 아니라 1년 내내 유지된다. 1년이나 함께 배움을 탐구할 클래스메이트들이니 여러모로 어떤 성격의 학생들이냐가 중요해지는 것이다. 또 반대로 그렇다면 나는 과연 수업에서 친구들이 배움을 얻는데 어떤 도움을 주는지, 어떤 역할을 하는지를 생각해보는 것도 중요하다. 나의 역할을 정확히 알수록 발전할 수 있기 때문이다.

이처럼 클래스메이트가 중요하다 보니 세인트존스에만 있는 특이한 시스템이 하나 있는데 그게 바로 코어core와 블랙리스트blacklist다. 한마디로 하자면 코어는 학교에서 정해준 1년을 함께할 짝꿍 시스템, 블랙리스트는 정말로 싫어하는 친구와 엮이지 않도록 만들어주는 원수 명부(?) 시스템이다.

### 운명 같은 친구, 원수 같은 친구

학기가 시작되면 학생들은 잡다한 서류 작성을 마치고 방 배정을 받고, 제일 마지막으로 1년간의 수업 시간표를 받는다. 조니들은 수업 시간표를 받는 시간을 제일 기다린다. 매일 어떤 수업을 몇 시에 듣는지 알게 되기 때문이다. 시간표 확인의 진짜 묘미는 바로 코어를 찾아내는 데 있다.

코어는 세인트존스의 아주 특이하고 재미있는 시스템이다. 쉽게 말하자면 학교에서 3~5명 규모로 단짝을 만들어주는 것인데, 원리는 이렇다. 100명의 신입생이 있다 치자. 이 100명은 똑같은 커리큘럼의 수업을 들어야 한다. 대개 한 반에 13~20명씩 배정하는데, 제일 쉬운 방법은 아예 A반, B반 등으로 대략 15명씩 나누어 통째로 5종류의 수업을 1년간 함께 듣게 하는 것이다.

하지만 학교 측에선 그렇게 모든 수업을 같이 듣는 반을 만들지 않는다. 토론 수업이다 보니 다양한 의견, 성격을 가진 친구들이 골고루 섞여 있기를 원하기 때문이다. 그래서 학생 한 명 한 명 다 수업을 다른 시간으로 배정해주는데 그래도 모두가 다 완전히 다를 수는 없으니 다섯 개 수업을 전부 같이 듣는 친구들이 몇 명 생긴다(공통으로 수업을 듣는 친구들의 숫자는 다섯을 넘지 않는다).

학생들은 처음 시간표를 받았을 때 누가 자신의 코어 멤버인지 모른다. 그러나 세미나에서 본 친구가 수학 수업 시간에 가니 있고, 언어 수업에 가니 또 보이고, 이런 식으로 모든 수업이 겹친다면 그들은 코어인 것이다(모든 수업이 겹치지 않고 절반 정도만 겹칠 때는 하프 코어half core라고 부른다).

코어가 생기면 장단점이 생긴다. 우선 가장 큰 장점은 서로 도울 수 있다는 것이다. 코어는 모든 수업을 함께 듣기 때문에 서로의 성격을 제대로 파악하게 된다. 엄청 소심했던 나는 1학년 때 수업 중에 말을 한마디 안 했는데 나와 코어였던 (친구들 사이에서 골든 소울golden soul이라 불릴 정도로 다방면으로 뛰어난) 친구가 은근히 나를 많이 도와줬다. 내가 한마디라도 하면 좋든 나쁘든 그 말이 토론장에서 묻히지 않게 하려고 애써주기도 하고 말이다.

하지만 장점이 있는 만큼 단점도 있다. 바로 코어인 친구가 나와 정말 맞지 않는 경우다. 어느 누가 옳고 틀리고의 문제가 아니라 성격이 달라, 서로 좋은 사람인 건 알지만 어울리지 못하는 경우가 있다. 그런 때는 그냥 '우린 다른 종류의 사람이구나' 하고 각자의 삶을 살면 되는데 비극적으로 그런 친구들끼리 코어로 묶여버리면 정말 난감해진다. 게다가 수업 중에는 나와는 정말 상반되는 그 친구의 의견을 열심히 들어야만 하는 일이 매번 발생한다. 고역이요, 고문이 따로 없다. 그렇다면 어떻게 할 것인가? 고통스러워하며 1년을 그냥 보내야 하나? 그렇지 않다. 그래서 학교에서 만들어놓은 것이 바로 블랙리스트다.

블랙리스트는 말 그대로 내가 정말 수업에서 만나고 싶지 않는 친구의 이름을 올려놓는 명단이다. 하지만 누군가를 블랙리스트에 올리려면 정말 타당한 이유가 있어야 하고 그걸 학교가 인정해줘야 한다. 단순히 '난 이 친구가 수업 시간에 자기 말만 해대서 정말 지긋지긋해. 그 어떤 수업도 같이 듣고 싶지 않아요!'라고 한다면, 그건 이유가 안 된다. 지긋지긋한 이야기라도 그걸 들을 줄 아는 능력을 길러야 하기 때문이다.

그렇다면 어떤 친구들이 블랙리스트에 올라가는가? 정말 어쩔 수 없이 피하는 게 좋은 경우만 올라간다. 예를 들면 남녀 친구 둘이 사귀다가 너무 안 좋게 헤어졌을 때, 또는 절친한 친구였던 친구 둘이 원수가 됐을 때 같은 특별한 케이스들이다. 이런 경우에는 당사자 학생들이 수업시간에 공부나 배움에 몰두하기는커녕 서로를 의식하고 있거나 다른 친구들의 공부까지 방해할 수도 있기 때문이다. 물론 그런 경우라도 학교 측에선 웬만하면 둘이 잘 해결해보라고 하는 편이다. 하지만 정말 안 되겠다 싶은, 충분히 납득할 수 있는 이유가 있다면 학교에서도 받아들여준다. 인간관계 문제는 100여 명 안팎의 학생들이 4년간 같이 생활하며 생기는 어쩔 수 없는 문제들이기 때문에 학교에서 어느 정도는 학생들의 편의를 봐주기도 하는 것이다.

이런 시스템이 있기 때문에 완전 코어도 아니고 하프 코어도 아닌, 어정쩡한 코어가 생기는데, 그럼 친구들은 "이거 누가 나 블랙리스트에 올린 거 아냐?"라며 장난을 던지기도 했다. 누군가가 자기를 블랙리스트에 올렸다면 해당 수업에 들어갈 수가 없으니 이상하게 한 수업만 다르거나 하는 일이 발생하기 때문이다.

그러나 저러나 사실 코어와 블랙리스트는 학년이 올라갈수록 무의미해지는 것 중 하나이기도 하다. 시간이 지나면서 다른 학교로 편입하거나 자퇴하는 친구들이 생기고, 남는 친구들의 숫자는 점점 줄어들기 때문이다. 그렇다 보니 더 이상 수업 구성원을 다양하게 섞기도 힘들어지고 그렇게 섞을 필요조차 없어지게 된다. 3~4년 동고동락하다 보면 딱히 코어가 아니어도 서로 잘 알게 되기 때문이다. 그렇게 되면 처음에는 정말 죽도록 싫었던 친구도 그냥 그러려니 하게 된다.

인간은 사회적인 동물이다. 혼자는 살 수가 없다. 혼자 책을 읽고 배우는 데도 한계가 있다. 다른 사람들과 서로 다른 생각을 공유할 때 우리는 생각하는 법을 더 갈고닦게 되고 소통하는 법을 익히게 된다. 그렇기 때문에 싫으나 좋으나 우리는 다른 친구들과 함께 수업을 들어야 하는 것이다. 내가 혼자 공부하고 생각해서 가져올 수 있는 배움의 크기가 고작 10이라면, 나와 의견이 다른 사람들과 함께할 때 배움의 크기는 몇 배로 커질 수도 있다. 게다가 나의 의견과 상대방의 의견이 소통을 통해서 시너지를 낸다면 그때는 혼자서는 절대 얻을 수 없는 배움을 얻게 된다. 때문에 함께 배우는 클래스메이트들은 중요하고, 그들과 함께 소통하는 매너를 익히는 것이 가장 기본적인 배움의 자세인 것이다.

## 3

# 세인트존스는 어떻게 공부하는가

세미나는 고전들을 읽고 토론을 이어가는

세인트존스의 핵심 수업이다.

질문을 공유하고 광범위하게 대화함으로써

고전을 효과적으로 마주하게 한다.

뿐만 아니라, 고전의 저자들은 우리에게 인간으로서

생각해봐야 할 중요한 질문들을 끄집어낸다.

## 세인트존스의 핵심, 세미나

### 매주 두 번씩 벌어지는 지적 전쟁

대학 수업이 밤 10시에 끝난다고 생각해보자. 욕이 나올지도 모른다. 하지만 세인트존스에서는 두 시간의 세미나가 끝나면 보통 9시 반, 10시가 된다. '으아~ 싫겠다…' 싶지만 많은 조니들이 두 시간의 긴 토론 수업이 저녁 7시 반에 시작해도 개의치 않는다. 책을 읽을 시간이 생기기 때문이다. 아무리 늦어도 4시 반쯤에는 대부분의 수업이 끝나니 학생들은 책을 읽다가 저녁을 먹고 난 후 세미나에 가면 된다.

나는 세미나 역시 열심히 숙제(책읽기)를 해가야 하는 수업의 하나로 느꼈지만, 학교 측은 세미나를 학생들의 즐거운 아고라로 여기는 듯하다. 수업이 끝나고 좋아하는 책을 읽다가 저녁을 먹은 후 즐거운 마음으로 모여 토론을 하는 시간이기 때문이다. 그래서 세미나 수업이 있는 월요일, 목요일 오후 시간대는 캠퍼스의 전반적인 분위기가 상당히 학구적이다. 도서관은 물론 어딜 가도 학생들, 튜터들이 다 책을 들고 있고 밥 먹을 때도 큰 테이블에 모여 앉아 세미나 책에 대해 이야기를 한다. 일찍 저녁을 먹고 나와 잔디밭에 또는 연못 앞에

날이 좋으면 캠퍼스 잔디밭에서 수업을 하거나 세미나를 준비한다. 세인트존스 교정 전체가 교실인 셈이다.

앉아 못다 읽은 책을 읽는 학생들도 많고, 학교 전체가 곧 있을 세미나를 준비를 하는 풍경이 펼쳐진다.

세미나가 시작되기 15분 전인 7시 15분, 학교 종이 뎅뎅 울리면 이 소리와 함께 마치 철새들처럼 학생과 튜터 들의 대이동이 시작된다. 1학년부터 4학년까지 다 그 시간에 세미나가 있으니 모두 자기 교실로 이동하는 것이다. 그렇기 때문에 7시 반부터 9시 반까지는 세미나에 가지 않고 숨어 있는 몇몇의 반항자들 빼고는 사람을 볼 수 없을 정도로 캠퍼스가 조용해진다. 대신 대부분의 교실에서는 튜터와 학생 들의 치열한 지적 전쟁이 벌어진다.

이게 '고전 100권 읽고 토론하는 대학'이라는 이름이 붙은 세인트존스의 자랑, 세미나다. 다음은 세미나 수업에 관한 학교 측의 설명이다.

"세미나는 고전들great books을 읽고 토론을 이어가는 세인트존스의 핵심 수업이다. 질문을 공유하고 광범위하게 대화함으로써 고전을 효과적으로 마주하게 한다. 뿐만 아니라, 고전의 저자들은 우리에게 인간으로서 생각해봐야 할 중요한 질문들을 끄집어낸다. 세미나는 커리큘럼 전체의 중심을 잡아주는 닻이 되기도 하고, 학습에 활기를 불어넣을 뿐 아니라 깊이를 더한다."

토론의 특징은 대화의 질을 높일 뿐만 아니라 책에 대한 다양한 접근을 격려하고 갖가지 견해(시야)를 갖게 한다는 점이다. 세미나는 보통 두 명의 튜터가 진행하며, 17~21명의 학생들로 구성된다. 학생들은 상당한 양의 책을 매 수업 전에 읽어가야 한다. 튜터 중 한 명이 질문과 함께 세미나를 시작하는데, 그 질문은 학생들을 진실의 탐구로 초대하기도 하고 세미나를 예상치 못한 방향으로 끌고 가기도 한다.

세미나는 주의 깊은 읽기 습관을 키워주고, 명확한 생각을 끌어낼 뿐만 아니라, 다른 의견을 관용할 수 있도록 사고방식을 성숙시킨다. 또한 친숙하지 않은 영역까지 포용할 수 있도록 격려한다. 학생들이 자신의 배움에 있어서 큰 책임을 느끼는 세미나는 세인트존스 수업의 가장 기본이자 순수한 형태라고 할 수 있다.

### 세미나 토론의 진행 방식

세미나는 튜터의 질문으로 시작되지만 그다음부터는 학생들의 토론으로 이어진다. 세인트존스의 토론 수업은 학생들이 자신들의 의지에 따라 손을 들지 않고도 말하고 싶으면 말을 하면서 토론에 끼어들기도 하고 빠지기도 하는 식으로 진행된다.

발표하는 일이 거의 없는 한국의 교육 방식 속에서 자란 나는 이 부분이 참 힘들었다. 세미나가 시작되고 나면 불꽃 튀는 토론의 전쟁터 속에서 생각의 흐름을 따라가느라 정신이 없는 와중에도, 가끔씩 책을 읽으며 궁금했던 부분이나 의견을 공유해보고 싶은 순간이 온다. 그러면 테이블 위로 뛰어들어 내 의견을 펼쳐야 하는데 조용한 성격인 나는 그 타이밍을 매번 놓칠 수밖에 없었다. 하고 싶은 말이 많아 입이 근질거리고 쉽게 쉽게 토론에 잘 끼어드는 친구들이 수두룩한 토론의 장에서 내 목소리를 내기란 쉽지 않았다.

이렇게 중구난방으로 발언을 하는데 토론이 수월하게 진행될까, 의문을 가지는 사람들도 있을 것이다. 사실 그렇다. 아무나 발언을 하기 때문에 때로는 한 친구가 다른 친구의 말을 끊기도 하고, 욕심이 많고 주장이 강한 친구가 끊임없이 자신의 말만 늘어놓기도 한다. 당연히 나같이 조용한 사람은 발언할 기회를 가지기 힘들다. 이렇게 보자면 이런 토론 형식은 단점이 많다.

하지만 그런 만큼 장점 또한 있다. 시간은 걸리지만 결국에는 학생들이 토론을 잘하는 방법을 익히게 된다. 만약 토론이 손을 들어 발표하는 방식으로 진행된다면 그 순간에는 좋은 토론이 이루어질 수 있다. 다양한 친구들의 의견을 선별해 들으며 교수가 적절한 토론 분위기를 조성하고 이끌어갈 테니 말이다. 하지만 주장이 강한 친구가 자신의 의지로 다른 의견을 듣기 위해 노력하거나, 조용한 스타일의 친구가 자신의 의지로 좀 더 적극적으로 소통하려는 노력을 하기는 힘들 것이다. 그러나 세인트존스의 방식으로 토론을 한다면 학생들 스스로가 좀 더 적극적으로 자신의 부족한 점을 보완해나갈 수 있게 된다. 모두가 좋은 토론 수업을 만들자는 공통된 목적을 가지고 있기 때문이다.

다른 사람들과 좋은 토론을 하는 능력을 키우는 건 대학에서뿐만 아니라 살아가는 데 있어서도 큰 자산이다. 살아가면서 다른 이들과 어떤 문제로 이야기를 나눌 일이 많은데, 그럴 때의 대화는 손을 들고 발표하는 방식이 아니라 아무 때나 자신의 의견을 말하는 방식으로 이루어지기 때문이다. 자신의 성격대로 자기주장만 내세우는 사람이나 무슨 생각을 하는지조차 모르게 표현하지 않는 사람은 좋은 인상을 남기기 힘들다. 하지만 그런 자리에서 다른 이의 의견을 듣고 적절하게 자신의 생각을 표현하면서 심지어 중재도 하는 매너를 가지고 있다면, 그런 사람은 어딜 가든 환영받을 것이다.

### 읽어야 할 책의 양과 토론의 주제

세미나 시간에 읽어가야 할 책의 분량은 매번 다르지만 보통 80쪽 안팎이다. 만약 난이도가 높은 책이라면 분량이 좀 더 적어지기도 한다. 토론의 주제는 다양하다. 책의 특정한 부분에 대해 토론하기도 하고, 아주 광범위한 주제를 놓고 토론하기도 한다.

예를 들면 칸트, 헤겔, 하이데거가 쓴 어려운 철학 책들은 그날 읽기로 한 분량의 내용을 해석하면서 책 내용에 최대한 접근하는 데 세미나 시간을 전부 소모하기도 한다. 이 책들의 경우 다른 책들보다 비교적 짧은 20여 쪽 안팎의 분량을 읽어 간다. 그럼에도 불구하고 저자의 의도를 해석하는 데 시간이 다 가는 경우가 많았다. 사실 두 시간은 책을 해석하고 이해하는 것만으로도 턱없이 부족한 시간이다. 여기서 해석한다는 것은 제2외국어를 모국어로 번역한다는 의미가 아니라, 모국어로 쓰여 있어도 이해되지 않는 개념들을 토론을 통해 풀이하고 저자가 말하고자 하는 것이 무엇인지 생각을 공유한다는 뜻이다.

하지만 이런 책들과는 달리 어떤 책들은 그 책이 제시하는 광범위한 주제를 가지고 이야기하는 데에 시간을 다 쓰기도 한다. 대체로 호머나 단테의 책 혹은《카라마조프의 형제들Brothers Karamazov》이나《돈키호테Don Quijote》같은 소설들이 그랬다. 방대한 이야기가 들어 있기 때문에 그날그날의 읽기 범위가 포함하고 있는 주제들, 예를 들어, 미덕과 악, 신, 인간의 숙명, 전쟁, 현실과 상상 등 그때그때 주제를 바꿔가며 광범위한 토론을 한다.

개인적으로 나는 칸트, 헤겔의 어려운 철학책보다는 문학, 소설책을 읽고 토론하는 세미나를 더 좋아했다. 외국인인 나에겐 당연히 그쪽이 좀 더 이해하기 쉬웠기 때문이다. 이렇게 나처럼 문학 세미나를 더 좋아하는 조니들도 있고, 반면에 철학 세미나에 열광하는 조니들도 많다.

이렇게 두 시간밖에 안 되는 세미나를 하고 있다 보면 철학책은 물론이고 문학책으로 토론을 할 때도 "이건 수박 겉핥기 수준이 아니라 수박 겉 쳐다보기 수준이야! 더 천천히 깊이 있게 읽고 토론하고 싶어!" 하는 열망이 불끈불끈 솟아난다. 당연하다. 몇 년을(심지어 평생을) 읽고 또 읽으며 연구해도 좋을 위대한 책들을 세인트존스에서는 빠르게 읽고, 고작 두 시간 토론하기 때문이다. 그 욕망을 조금이나마 충족할 수 있는 방법이 두 가지 있는데 하나가 바로 스터디 그룹이고, 또 다른 하나는 프리셉토리얼preceptorial(프리셉)이다. 이에 대한 내용은 뒤에서 자세히 나오니 우선 여기에서는 세미나에서 어떤 책들을 읽는지에 대하여 더 상세히 이야기해보겠다.

# 책은 읽는 것이 아니라 생각하는 것

## 《일리아스》로 시작하는 고전 여행

4년의 전반적인 세미나 구성은 이렇다. 1학년 세미나 수업은 그리스 작가들과 당시의 역사, 문화, 가치관들을 이해하는 데 할애된다. 2학년 때는 히브리어 성서부터 현대의 씨앗이 된 16세기 책까지를 다루고, 3학년 세미나에는 (대부분 근대어로 쓰인) 17세기와 18세기 책들이 포함된다. 4학년 때는 19, 20세기의 책들로 넘어온다.

시대순으로 책을 읽는 이유는 어떤 주제에 역사적으로 접근하기 위해서라기보다 편의성 때문이기도 하고 학생들이 고전을 조금 더 쉽게 이해할 수 있게 하기 위함이기도 하다. 시대의 흐름에 맞춰 작가들의 사고 발전 과정을 따라가다 보면, 우리(인간)가 오늘날에도 역시 고민해봐야 할 근본적인 문제들의 흐름이 보이고 자연스레 그것에 대해 생각해보게 된다.

다음은 산타페 캠퍼스의 독서 리스트다. 산타페(뉴멕시코 주)와 아나폴리스(메릴랜드 주), 어느 캠퍼스인지에 따라 순서나 읽는 책이 다를 수 있지만 대체적으로 비슷하다(예로, 작년에 아나폴리스에서는 제인 오스틴의 《오만과 편견Pride and prejudice》을 읽었지만 산타페에선 《에마Emma》를 읽었다). 두 캠퍼스의 리딩 리스트는 학교 홈페이지에서 찾아볼 수 있다.

그럼 1학년 세미나 리딩 리스트를 살펴보자.

■ 1학년 세미나 리딩 리스트

호메로스 《일리아스Iliad》(4), 《오디세이아Odyssey》(3)

아이스킬로스 《아가멤논Agamemnon》(1)

아이스킬로스 《제주를 바치는 여인들Libation bearers》+《에우메니데스Eumenides》(1)

헤로도토스 《역사Histories》(3)

플라톤 《고르기아스Gorgias》(2), 《메논Meno》(1)

소포클레스 《안티고네Antigone》(1)

플라톤 《국가Republic》(6)

아리스토파네스 《구름Clouds》(1)

플라톤 《변명Apology》+《크리톤Crito》(1)

플라톤 《파이돈Phaedo》(2)

소포클레스 《오이디푸스 왕Oedipus rex》(1)

플라톤 《테아이테토스》(2)

플라톤 《소피스트Sophist》(2)

아이스킬로스 《결박된 프로메테우스Prometheus bound》(1)

겨울방학

괄호 안의 숫자는 세미나 횟수를 말한다. 즉, 첫 번째 '호메로스 《일리아스》(4)'는 호메로스의 《일리아스》를 네 번에 걸쳐 읽는다는 뜻이다. 세미나는 매주 월요일과 목요일, 두 번 있으니 《일리아스》 한 권을 학생들은 네 번에 나눠서 2주간 읽게 되는 것이다.

1학년의 시작은 호머의 책이다. 그 유명한 《일리아스》와 《오디세이아》를 읽으며 고전 읽기 대장정을 시작한다. 이어서 아이스킬로스의 그리스 희비극들을 접하고, 헤로도토스의 《역사》를 읽으며 고대 그리스 세계를 맛본다. 그 후 플라톤의 책 《고르기아스》를 통해 처음으로 소크라테스를 만난다. 그렇게 1학년 1학기는 플라톤의 책들을 집중적으로 읽으며 소크라테스를 탐구하다가 중간중간 소포클레스, 아리스토파네스, 아이스킬로스 등의 책을 읽으며 뜨거워진 머리를 잠깐씩 식히는 과정을 반복한다.

이 책들을 읽고 나면 1학년 첫 방학, 겨울방학이 온다.

투키디데스 《펠로폰네소스 전쟁사Peloponnesian war》(4)

플라톤 《파이드로스Phaedrus》(2)

플라톤 《향연Symposium》(2)

아리스토텔레스 《니코마코스 윤리학Nicomachean ethics》(6)

아리스토텔레스 《정치학Politics》(2)

봄방학

1월 중순경 겨울방학이 끝나면 2학기가 시작된다. 리스트에서 보듯이 2학기는 투키디데스의 《펠로폰네소스 전쟁사》를 읽으며 인간의 본성에 대한 고민과 함께 시작한다. 그 후 또다시 플라톤으로 돌아온다. 《파이드로스》, 《향연》을 읽으며 소크라테스와 함께 '사랑'에 대해 생각해보는 시간을 가진다. 그러고 나면 《니코마코스 윤리학》을 통해 아리스토텔레스를 만나게 된다. 여섯 번의 윤리학 세미나를 통해 《니코마코스 윤리학》을 성서 모시듯 숭배하는 친구들이 생기는가 하면 플라톤이 더 좋다는 친구들이 생기기도 하면서, 플라톤파와 아리스토텔레스파가 나뉘려는 낌새도 보인다. (고작) 두 번의 정치학 세미나까지 정신없이 하다 보면 2주간의 봄방학이 찾아온다.

소포클레스 《아이아스Ajax》(1)
루크레티우스 《사물의 본성에 관하여On the nature of things》(3)
플라톤 《티마이오스Timaeus》(1)
아리스토텔레스 《물리학Physics》(5)
아리스토텔레스 《형이상학Metaphysics》(1)
에우리피데스 《박코스의 여신도들Bacchae》(1)
소포클레스 《콜로노스의 오이디푸스Oedipus at colonus》(1)
아리스토파네스 《개구리Frogs》(1)
아리스토텔레스 《시학Poetics》(1)
소포클레스 《필록테테스Philoctetes》(1)

이제 1학년은 마지막 학기를 향해 달려간다. 봄방학이 끝난 후 소포클레스의 비극 《아이아스》로 나머지 1학년 독서가 시작된다. 에피쿠로스 사상을 볼 수 있는 루크레티우스의 《사물의 본성에 관하여》

를 읽으며 인간과 사물의 본성에 관한 광범위한 그의 사고와 논리를 접한다. 이후 플라톤의《티마이오스》를 읽으며 존재와 생성에 대해 머리 아프게 토론해보며 플라톤의 우주론을 맛본다. 그 후에는 아리스토텔레스로 돌아가《물리학》을 읽으며 자연 운동의 작동 원리에 대한 그의 분석을 살펴보고《형이상학》을 읽으며 자연에서 나아가서 존재의 근본에 대한 그의 생각을 엿본다. 중간중간 그리스 희비극을 읽는다.

### 어떻게 이렇게 많은 책을 빨리 읽을까?

고전을 조금이라도 접해본 독자들이라면 이 세미나 리딩 리스트가 얼마나 말도 안 되는지 알 것이다. 내가 봐도 말이 안 된다. 플라톤도 그렇지만 아리스토텔레스의《정치학》을 두 번 만에,《형이상학》과《시학》을 한 번으로 끝내버리고, 그 긴 역사서들을 세미나에서 서너 번 다루고 넘어간다니! 그렇게 읽어서 뭘 배우기나 할까, 제대로 읽기나 할까, 하는 의구심이 들 것이다. 그럴 만하다. 하지만 답을 하기 전에 짚고 넘어가야 할 부분이 있다. 바로 책과 세미나 횟수에 따라서 완독하지 않는 책들도 있다는 것이다.

책에 따라서 전부 읽기도 하지만 어떤 책들은 정해진 부분만 읽는다. 그 부분은 한두 장chapter이 될 때도 있고 책의 절반이 될 때도 있지만 더 적을 때도 있다. 예를 들면《물리학》의 경우 첫 세미나에서 1장과 2장을 읽어야 하는데 그 범위가 더 자세하게 정해져 있었다.

제대로 된 고전들의 경우 책(원서)을 보면 옆에 장절 구분 숫자와 알파벳이 적혀 있다. 만약 세미나 리스트에 'I, 184a9-184b14; II,

세인트존스의 도서관. 언제나 책을 읽는 튜터와 조니 들로 가득하다.

192b8-195b30'이라고 적혀 있다면, 1장 184a9부터 184b14까지 읽고, 2장은 192b8부터 195b30까지 읽으라는 뜻이다. 그렇기 때문에 1장, 2장을 다 읽을 때도 있지만 일부분만 읽어 가기도 하는 것이다. 《형이상학》의 경우 역시 세미나 수업은 한 번밖에 없으니 당연히 한 권을 다 읽고 두 시간만 토론한다는 건 말도 안 되는 얘기다. 따라서 《형이상학》 역시 일부분만 읽고 토론한다.

도대체 이렇게 빠르게 대충 읽어서 어떻게 고전을 읽었다고 할 수 있을까? 무엇을 배울 수 있을까?

책을 한 권 온전히 다 읽든, 부분적으로 읽든 세인트존스의 세미나 리딩 리스트 시간표에 맞추려면 정말 미친 듯이 어려운 내용을 한정된 시간 안에 읽어내야 한다. 필연적으로 속독을 해야 한다. 속독할 종류의 책들이 아님에도 불구하고 말이다. 그런데 한 권을 다 읽는 것도 아니고 어떤 책들은 부분적으로만 읽어간다니 또 기가 찰 노릇이다. 아리스토텔레스 《형이상학》의 일부분을 읽고 토론이 가능한지 아니, 과연 이해는 가능한지 궁금해진다.

그런데 이 현상은 1학년 세미나 리스트만의 문제가 아니다. 2, 3, 4학년 리딩 리스트를 확인해보면 알겠지만 학년이 올라갈수록 더 심해진다. 몇 십 년을 공부해도 어려운, 세기의 천재들이 쓴 고전들을 조니들은 대체 어떻게 짧은 시간 동안 읽고 토론하는 걸까? 그만큼 미국 학생들은 똑똑한가? 아니면 어려서부터 고전 교육을 잘 받아온 걸까?

물론 미국 학생들이 한국 학생들에 비해 어려서부터 문학, 철학 수업 등을 통해 서양 고전을 조금 더 자주 접했을 수는 있다. 하지만 모든 학생들이 그런 것만은 아니다. 당연히 고전 읽기에 익숙하지 않은 미국 학생들도 있다. 이것도 저것도 아니라면 마지막 질문이 하나 남게 된다. 그렇다면 세인트존스의 학생들은 수박 겉핥기식으로 고전을 배우나?!

"그렇다. 수박 겉핥기다."가 이에 대한 나의 개인적인 의견이다. 졸업생 입장에서 이렇게 말하는 게 조심스럽긴 하지만, 세인트존스의 커리큘럼에 대한 내 생각이니 그냥 솔직하게 말하고 싶다(하지만 지극히 주관적인 생각이라는 걸 밝힌다). 나는 세인트존스의 세미나 리딩 리스트 중 이 책 '읽었다'고 자신 있게 말할 수 있는 책이 없다. "뭐야! 얘는 세인트존스에서 땡땡이를 많이 쳤나? 책을 제대로 읽고 세미나에 간 적이 한 번도 없나?" 하고 물으신다면 그것 또한 아니다. 난 정말 열심히 수업에 임했고 열심히 책을 읽었다. 솔직히 책을 다 못 읽고 세미나에 갈 때도 있었다. 한 번의 세미나를 위해 읽어야 할 분량이 많기 때문이기도 했지만 들어야 할 수업이 세미나만 있는 건 아니기 때문이기도 하다. 책을 제대로 읽지 않아서 자신 있게 '읽었다'고 말하지 못하는 게 아니다. 그렇게 말하지 못하는 이유는 따로 있다.

### 읽는 책, 생각하는 책

책의 종류는 다양하다. 그리고 다양한 종류에 맞는 역할이 있다. 《괴도 루팡Arsène Lupin gentleman cambrioleur》 같은 추리소설은 손에 땀을 쥐게 하는 긴박함이 있다. 독자들이 엄청난 집중력을 발휘하며 책을 손에서 놓지 못하게 만든다면, 그 책은 분명 '좋은' 추리소설일 것이다. 《해리 포터Harry Potter》 같은 책 역시 '좋은' 판타지 소설이다. 독자들의 상상력을 마법 세계로 이끈다.

이와 달리 고전은 이상한 특징을 가지고 있다. 《괴도 루팡》 같은 추리소설에 순식간에 읽히는 힘이 있다면, 고전은 한 줄 한 줄 천천히 읽게 하는 힘이 있다. 어려워서라기보다 한 줄 한 줄 곱씹으며 '생각' 해봐야 하기 때문이다.

고전에 대한 나만의 개똥철학이 있는데 그건 바로 고전은 '읽는 책'이 아니라 '생각하는 책'이라는 것이다. 나만 그런 건지 모르겠지만 고전은 웬만큼 자신감이 있지 않고서야 '읽었다'고 말하기가 쉽지 않다. 대신 고전을 '생각했다'고는 말할 수 있을 것 같다. 즉 고전들에 대해서는 질문부터 달라져야 할 것 같다. "너 아리스토텔레스의 《시학》 읽어봤어?"가 아니라 "너 아리스토텔레스의 《시학》 생각해봤어?" 하고 물어야 정확한 질문이라고 느껴진다. 그러면 나는 자신 있게 대답할 수 있다. "응. 고작 두 시간 생각해봤어. 다시 읽고 더 생각해보고 싶어."

만약 누군가 "플라톤의 《테아이테토스》는?" 하고 묻는다면 그 책에 대해선 좀 더 자신 있게 말할 수 있다. "아, 그 책은 내가 리포트를 썼기 때문에 다른 책들에 비해 좀 더 많이 생각해보긴 했어." 이 책은 프리셉을 듣고 리포트를 썼기 때문에 그냥 책 한 번 읽고 세미나를 했을 때보다는 작은 범위들을 깊이 있게 생각해보는 시간을 가졌다. 하지만 여전히 이해가 안 가는 부분이 많고 알고 싶은 부분도 많다.

이렇게 읽어도 읽어도 '읽었다'고 말하기보다는 '생각해봤다'고 말하는 것이 더 잘 어울리는 책들이 고전인 것 같다고 감히 정의를 내려본다. 물론 고전의 종류가 다양하기 때문에 《오만과 편견》 혹은 《걸리버 여행기Gulliver's travels》 같은 소설이나 그리스 희비극 같은 고전들은 철학 고전들보다 좀 더 쉽게 '읽었다'고 말할 수 있다. 하지만 이 고전들 역시 읽었다는 표현도 좋지만 '생각해봤다'는 표현이 좀 더 정확하지 않을까 한다.

고전을 그저 읽기만 하는 행위는 아랍어를 모르는 내가 아랍어 글씨들을 유심히 쳐다보고 있는 것에 지나지 않는다. 한 문장을 읽더라도, 그 문장이 의미하는 게 무엇인지, 저자는 어떤 의도로 그런 문장을 썼는지, 나는 이 문장을 어떻게 받아들이는지, 찬성하는지 반대하는지는 물론이고, 다른 친구들은 어떻게 해석하는지, 왜 이 문장을 다르게 해석할 수 있는지에 대해서까지 '생각'해볼 수 있다면, 그것이 진정으로 고전을 '읽는' 과정일 것이다. 그런 의미에서 볼 때, "아리스토텔레스의 《형이상학》을 어떻게 세미나 한 번으로 끝낼 수가 있어?" 하는 질문은 어떤 면에서는 무의미한 것이기도 하다. 세미나 한 번으로도 한 구절에 대해 충분히 생각해볼 수는 있으니까. 《형이상학》을 한 번 속독하고 두 시간 토론하는 걸로는 책을 읽었다고 하기는 힘들지도 모른다. 하지만 《형이상학》의 일정 부분을 읽고, 두 시간 동안 토론하는 것은 가능하다. 얼마나 치열하게 생각하느냐에 따라 아주 좋은 토론을 할 수도 있다. 이런 경우 "1장을 읽고 두 시간 생각해봤어."라고 자신 있게 말할 수 있다. 그래서 세인트존스의 커리큘럼은 수박 겉핥기식으로 보이지만 동시에 아주 의미 있고 중요한 것이다.

그렇다면 '도대체 어떤 수박 겉핥기가 중요하고 의미가 있을까'에 대해 이야기를 해봐야 할 것 같다. 이 이야기를 하기 위해 2, 3, 4학년 세미나 리딩 리스트를 살펴보자.

# 2학년 말, 가장 많은 학생이 쫓겨나는 이유

**가장 광범위한 시기를 다루는 2학년 세미나**

2학년 세미나 책들은 고대 성경 시대부터 초기 현대의 도래까지, 세인트존스 4년의 세미나 중 가장 긴 시대에 걸쳐져 있다. 《구약성서》, 고전 로마 시 그리고 그 시대의 역사에 관한 책을 위주로 읽는다. 그 다음으로 종교와 역사라는 두 세계를 융합, 판단하고 동화시키는 방법을 찾고자 시도하는 책들을 읽는다.

■ 2학년 세미나 리딩 리스트

《구약성서Hebrew bible》(9)

리비우스《로마 건국사The early history of Rome》(1)

플루타르코스《플루타르코스 영웅전Plutarch: lives》(2)

베르길리우스《아이네이스Aeneid》(3)

타키투스《연대기Annals》(2)

에픽테토스《담화록Discourses》(1)

《신약성서New testament》(5)

아리스토텔레스《영혼론On the soul》(2)
플로티노스《에네아데스Enneads》(1)
아우구스티누스《고백록Confessions》(3)
마이모니데스《방황하는 자들을 위한 안내서Guide of the perplexed》(3)
겨울방학

2학년의 시작은《구약성서》다. 많은 사람들에게 익숙한 책이지만 다양한 종교를 가지고 있는 세계 각국의 친구들이 모여 하나의 고전으로 성서를 읽고 자신의 의견을 나누는 과정은 참 신기하고 새롭다. 그런 느낌을 받으며 아홉 번의《성서》세미나를 마친다. 그 후 로마로 넘어와 역사가 리비우스와 플루타르코스의 역사서를 읽는다. 베르길리우스의 대서사시, 타키투스의 책을 통해 로마 건국과 당시의 정치사상을 특유의 문체로 접한다.

에픽테토스의《담화록》을 잠깐 읽은 후《신약성서》를 다섯 번의 세미나에 걸쳐 공부한다. 아리스토텔레스의《영혼론》을 읽으며 영혼에 대한 그의 정의를 살펴보고, 신플라톤주의학파 플로티노스의 책을 읽으며 중세, 스콜라 철학에 들어선다. 그 후 아우구스티누스의《고백록》, 유대 철학자 마이모니데스 등 성서의 영향을 받은 종교와 철학 관련 유명 고전들을 읽으며 1학기를 마무리한다.

겨울방학 이후, 2학기 시작과 함께 읽는 책들을 통해 우리는 점점 더 신에 대해 고뇌하는 인간의 모습을 본다. 신을 이해하려는 노력, 인간에게 종교가 어떻게 영향을 미쳤는지까지 간접적으로 살펴볼 수 있다.

성 안셀무스 《프로슬로기움Proslogium: Gaunilo's Reply and Anselm's response》(1)
토마스 아퀴나스 《신학 대전》(3)
단테 《신곡Divine comedy》(6)
토마스 아퀴나스 《신학 대전》(2)
초서 《캔터베리 이야기Canterbury tales》(3)
셰익스피어 《뜻대로 하세요As You Like It》(1)
봄방학

신을 존재론적으로 증명하려 한 성 안셀무스와 가우닐론의 반박을 읽고, 중세의 위대한 사상가 토마스 아퀴나스의 《신학 대전》, 단테의 《신곡》을 읽으며 우리는 종교와 신에 대한 다양한 견해를 접한다. 문학 분야도 역시 중세로 넘어와 초서의 유명한 《캔터베리 이야기》를 읽고 처음으로 셰익스피어를 만난 후 봄방학을 맞는다.

마키아벨리 《군주론The prince》(2)
셰익스피어 《한여름밤의 꿈Midsummer night's dream》(1)
몽테뉴 《수상록Essays》 〈어린이의 교육에 대하여Education of children〉, 〈식인종에 대하여of Cannibals〉, 〈경험에 대하여of Experience〉(2)
베이컨 《신기관New organon》(1)
베이컨 《새로운 아틀란티스New Atlantis》, 《대혁신Great instauration》(1)
셰익스피어 《리처드 2세Richard II》(1), 《헨리 4세Henry IV》(2)
데카르트 《방법서설Discourse on method》(2)

셰익스피어 《오셀로Othello》(1), 《맥베스Macbeth》(1), 《리어 왕King Lear》(1), 《템페스트Tempest》(1)

2학년의 마지막은 르네상스 시대의 마키아벨리가 쓴 《군주론》으로 시작하며 근대로 넘어온다. 16세기 후반 프랑스의 사상가 몽테뉴의 《수상록》을 읽고 "아는 것이 힘이다"로 유명한 베이컨과 "나는 생각한다. 고로 나는 존재한다"라는 말을 남긴 데카르트를 접하며 경험론, 합리주의 철학을 맛보게 된다. 셰익스피어는 이 중간중간 끼어들어 복잡한 머리를 식혀준다. 이렇게 2학기에는 몽테뉴, 마키아벨리, 데카르트, 베이컨의 글에 표현된 인문주의적, 정치적, 과학적 혁명들을 통해 학생들은 근대 계몽의 시작과 마주하게 된다.

전체적으로 보면 2학년에는 종교와 역사를 넘나들며 당대의 철학, 사상을 맛볼 뿐 아니라 종교와 역사라는 두 가지 다른 세상을 융합, 동화시키는 방법을 찾으려는 작가들의 시도를 엿볼 수 있다. 읽어야 하는 책들이 광범위한 시대에 걸쳐져 있음에도 불구하고 문학적, 철학적 측면이 다양하게 섞여 있어 풍부한 독서를 하는 즐거움이 있다.

그래서 그런지 많은 조니들이 2학년이 제일 재미있고 쉬운 학년이라고 입을 모은다. 실은 나 개인적으로도 2학년이 제일 재미있었다. 역사는 별로 좋아하지 않아서 리비우스나 플루타르코스의 역사서를 읽는 건 힘들긴 했지만 2학년 2학기에 읽은 책들은 정말 재미있었다. 데카르트, 아퀴나스도 흥미로웠지만 특히 단테의 《신곡》, 초서의 《캔터베리 이야기》뿐만 아니라 셰익스피어의 작품까지 이야깃거리가 수두룩했기 때문이다.

사실 2학년을 다닐 당시에는 2학년이 제일 쉽다고 하면 "말도 안 돼! 2학년도 어려운데!"라고 생각하는데 3, 4학년을 올라가고 보면 2학년이 제일 쉬운 학년이라는 데 누구나 동의하게 된다. 3, 4학년의 철학서들은 정말 여전히 뭐가 뭔지 모를 정도로 '골 때리게' 어렵기 때문이다. 3학년부터 이렇게 어려워지기 때문에 2학년 말에 특별 돈 래그가 있을 정도다.

**특별 돈 래그**

진정으로 돈 래그가 무시무시해지는 때는 바로 2학년 2학기 때이다. 1학년 때는 학생이 말을 좀 안 듣거나 고치라는 것을 시정하지 않아도 '그래, 아직 처음이니까' 하며 봐준다. 하지만 2학년 2학기 돈 래그에 더 이상의 관용은 없다. 그래서 이 돈 래그는 특별한 이름이 붙는다. 'Enabling don rag'라고. 'enable'이란 단어는 '~을 할 수 있게 하다'라는 뜻이다. 즉, 학생이 세인트존스에서 학업을 계속할 수 있게 할지 말지를 모든 튜터들이 모여서 결정하는 돈 래그라는 뜻이다.

3학년으로 가기 전에 이 특별한 돈 래그가 있는 데에는 몇 가지 이유가 있다. 첫째, 이제 2학년 정도 되었으니 세인트존스 커리큘럼에 적응했을 법한 때라는 것. 둘째, 다른 학교로 편입하려면 이 시기가 가장 적절하다는 것. 셋째가 가장 중요한 이유인데, 바로 3, 4학년 수업이 1, 2학년 때보다 훨씬 어려워지기 때문이다.

그래서 튜터들은 2학년 돈 래그를 더욱더 객관적인 입장에서 판단하려고 노력한다. 특히 3, 4학년 때 칸트, 헤겔, 하이데거 등 심오한 철학책을 읽어야 하는 것은 물론이고 과학과 수학 수업에서도 맥스

세인트존스 산타페 캠퍼스의 겨울. 학교 건물들도 산타페 특유의 어도비(adobe) 건축 양식으로 지어졌다.

웰, 뉴턴, 아인슈타인 등을 한꺼번에 배우기 때문에 수업이 많이 힘들어진다. 그런데 3, 4학년으로 진급시켰다가 학생이 못 버티거나 수업에서 자꾸 문제를 일으키고 분위기를 해치면 상황이 더 복잡해진다. 때문에 그 학생을 위해서도 다른 학우들을 위해서도 어떤 결정을 내리는지가 중요해지는 것이다.

특별 돈 래그에서는 1학년 때와는 다르게 돈 래그가 연달아 두 번 열린다. 첫 번째 돈 래그에서는 평소와 똑같이 학생과 그 학생의 수업을 맡은 튜터들이 모여 이야기를 한다. 그리고 두 번째 돈 래그에는 학생이 전혀 참여할 수 없고 여러 명의 튜터들로만 이루어진 돈 래그 위원회가 따로 열려 2학년 학생 전원을 대상으로 하나하나 판단을 내린다.

첫 돈 래그에서 별문제 없이 만장일치로 통과된 학생의 경우 빠르게 넘어가지만, 만약 한 명의 튜터라도 어떤 학생의 3학년 진급에 대해 문제를 제기하면 그 학생은 이 두 번째 돈 래그에서 더 심도 있게 다뤄진다.

그 후 문제가 되는 학생을 진급시킬지 말지에 대해 (총장을 포함한) 튜터들 모두가 투표를 한다. 그 투표마저 통과하지 못하면 총장이 해당 학생과 면담을 한 후, 최후의 결정을 내리게 된다.

이렇게 2학년 특별 돈 래그를 통과하지 못해서 또는 2년간의 치열한 공부에 지쳤다는 이유로, 2학년을 마친 후에는 제법 많은 학생들이 휴학을 결정하기도 한다. 또 (자진해서) 다른 학교로 편입하는 학생들도 많다. 때문에 3학년이 되면 학급 인원수가 급격히 준다.

## 핵심 토론 프리셉토리얼

3학년 세미나 책들은 주로 17, 18 그리고 19세기 초로 훨씬 짧은 시대 배경을 포함한다.

■ 3학년 세미나 리딩 리스트

세르반테스《돈키호테》(2)

데카르트《제일철학에 관한 성찰Meditations de prima philosophia》(2)

파스칼《팡세Pensees》(2)

밀턴《실낙원Paradise lost》(3)

홉스《리바이어던Leviathan》(3)

스피노자《신학 정치론Theologico political treatise》(2)

로크《통치론Second treatise of government》(1)

루소《인간 불평등 기원론Discourse on the origin of inequality》(2)

프리셉토리얼(15)

겨울방학

세르반테스의 유명한 소설《돈키호테》로 재미있게 시작하는 3학년은 다시 근대 철학의 중요한 책들로 돌아간다. 데카르트를 읽고, 파스칼의《팡세》와 밀턴의《실낙원》을 통해 그리스도교에 대해 다시 생각해보다가 2학년 베이컨에 이어 홉스의《리바이어던》을 읽으며 사회계약론의 토대를 살펴보고, 스피노자의 사상을 접한다. 홉스에 이어 로크와 루소를 읽으며 사회계약론에 대해 본격적으로 생각해보게 되고 근대 계몽과 현대사상에 대한 기반을 쌓는다. 그렇게 한창 여러 사상들에 의해 머리가 아파질 때쯤, 드디어 열다섯 번에 걸친 대망의 프리셉토리얼(프리셉)을 시작하게 된다.

### 신나는 공부, 프리셉

프리셉이 무엇인지 잠깐 설명이 필요할 것 같다. 프리셉토리얼의 사전적 의미는 대학의 '개인 지도 과목'이란 뜻이다. 세인트존스에서 프리셉은 비슷한 의미로 소규모 세미나 정도의 뜻으로 쓰인다. 열다섯 번의 세미나 동안 평소 세미나 규모보다 더욱더 작은 규모의 그룹 안에서 자신이 원하는 책을 집중적으로 공부할 수 있는, 조니들에게는 황금 같은 시간이다.

3, 4학년 1학기의 마지막 7~8주 동안의 세미나 수업은 프리셉으로 대체된다. 보통 세미나보다 작은 그룹의 학생들이 하나의 책을 골라 집중적으로 공부하기도 하고 한 가지 주제를 파헤치기 위해 몇 권의 책을 가지고 공부하기도 한다. 조니들이 프리셉에 열광하는 진짜 이유는 세인트존스 커리큘럼 중 자신의 마음에 드는 수업을(책과 주제를) 선택할 수 있는 권한이 주어지는 유일한 기회이기 때문이다.

앞서 간단히 설명한 적이 있지만 세인트존스의 학생들에게는 수업 선택권이 없다. 하지만 프리셉에서는 학생이 25~30가지의 주제나 책 중에서 원하는 것을 선택할 수 있다. 복잡하고 정신없었던 세미나에서 잠시 벗어나 자신이 원하는 주제, 관심 있는 책을 집중적으로 공부할 수 있으니 조니들이 열광하지 않을 수 없는 것이다. 수업에 참여하는 학생 수도 아무리 많아 봤자 열 명 안팎이니 어찌 즐겁지 않을 수 있으랴. 게다가 대부분 성향이 비슷한 친구들이 모이기 때문에 호흡을 잘 맞추어 토론할 수 있다.

그렇다면 학생에게 선택권을 준다는 25~30가지의 프리셉의 종류는 어떻게 정해질까? 방식은 간단하다. 각 세미나에는 두 명의 튜터가 있는데 그들이 각각 그 학기에 하고 싶은 프리셉의 주제 또는 책을 정한다. 그렇게 3학년과 4학년 세미나를 담당하는 튜터들이 자신의 주제를 각각 정하고, 주제가 확정되면 학생회관 벽에 프리셉 리스트를 붙인다. (지금까지 진행된 프리셉 리스트는 세인트존스 홈페이지에서 찾아볼 수 있다.)

리스트가 공개되면 학생들에게는 수업을 결정할 수 있는 얼마간의 시간이 주어진다. 학생들이 1지망부터 4지망까지 듣고 싶은 수업을 정해서 제출하면 학교 측에서 배정한다. 대개 4학년은 1지망으로 써낸 프리셉을 들을 수 있지만 3학년은 2, 3지망을 듣기도 한다.

프리셉의 주제나 책은 보통 고전을 기반으로 선정된다. 하지만 만약 학생이 특별하게 하고 싶은 주제 또는 책이 있다면 그 분야에 관심 있는 튜터를 조사해 친분을 맺고 제안하기도 한다. 그러면 그 튜터가 자신의 프리셉 주제를 학생의 제안대로 정할 수도 있다.

수업을 진행 중인 교실. 모두 진지하게 읽어온 책에 대해 토론하고 있다.

이런 경우도 있다. 3학년 때 구로사와 아키라 감독의 작품 세계를 다루는 프리셉이 학생들에게 인기가 좋았다. 나도 1지망으로 지원했으나 4학년들 역시 1지망으로 지원을 많이 했고 결국 나는 2지망을 배정받았다. 그런데 누군가가 청원서를 써서 총장을 설득하고 담당 튜터의 허락을 받으면 그 프리셉을 들을 수도 있다는 얘기를 했다. 나는 청원서를 썼고 총장을 만나 면담을 한 후 구로사와 아키라 감독 프리셉을 들을 수 있었다.

### 점점 어려워지는 3학년 수업

그럼 다시 3학년 세미나 리딩 리스트로 돌아가보자. 프리셉까지 즐겁게 하고 나면 1학기가 끝난다. 한 달이라는 짧은 겨울방학을 맞이하고, 2학기가 시작된다.

스위프트《걸리버 여행기》(2)

라이프니츠《철학 논문집Philosophical essays》(2)

흄《인성론Treatise of human nature》(3)

흄《도덕 원리에 관한 연구Enquiry concerning principles of morals》(1)

칸트《순수이성비판》(7)

워즈워스《서곡Two part prelude》(1)

봄방학

2학기의 시작은《걸리버 여행기》와 함께 한다. 이미 눈치챈 사람들도 있겠지만 보통 방학 후 처음 시작하는 세미나 리딩은 분량이 어마어마한 책들이 많다. 방학 때 다른 공부는 안 하더라도 책을 한 권이라도 읽어오라는 학교의 전략(?)이다.《돈키호테》,《전쟁과 평화War and peace》,《오만과 편견》,《카라마조프가의 형제들》 같은 책들은 엄청 두껍기 때문에 방학 때 이 중에서 한 권이라도 다 읽으면 잘한 셈이다.

하여튼 그렇게 해서《걸리버 여행기》를 읽고 나면 독일 철학자 라이프니츠를 읽고 칸트를 맞을 준비를 한다. 로크의 영향을 받은 흄의 책들을 읽다가 칸트의 유명한《순수이성비판》을 시작한다. 인간의 이성과 본성의 한계에 대해 고민하느라 이성적으로든 본능적으로든 머리가 터질 때 즈음 자연을 노래한 워즈워스의 아름다운 시《서곡》으로 머리를 식히고 봄방학을 맞는다.

제인 오스틴《오만과 편견》(2)

루소《사회계약론Social contract》(1)

칸트《순수이성비판》,《도덕 형이상학 기초Groundwork of the metaphysics

of morals》(2)

모차르트 〈돈 조반니Don Giovanni〉(1)

애덤 스미스《국부론Wealth of nations》(3)

호손《주홍글씨Scarlet letter》(2)

〈미국독립선언문Declaration of independence〉+〈미합중국헌법Constitution of the U.S.A.〉+《해밀턴 · 제이 · 매디슨, 연방주의자Madison, Hamilton, Jay, The federalist》(3)

마크 트웨인《허클베리 핀의 모험Adventures of Huckleberry Finn》(2)

봄방학 후 다시 2학기는《오만과 편견》과 함께 시작된다. 미스터 다아시에게 빠져 있다가, 다시 루소의《사회계약론》을 읽으며 마침내 홉스 때부터 이어져오던 사회계약론의 완성을 보게 된다. 그 후 다시 칸트로 복귀했다가 잠깐 모차르트의 오페라 〈돈 조반니〉를 들으며 뜨거워진 머리를 식힌다.

머리를 잠시 식혔으면 다시 현대로 돌아오는데 애덤 스미스의《국부론》, 미국독립선언문과 미합중국헌법,《연방주의자》 등을 읽게 되고 문학 책은《주홍글씨》,《허클베리 핀의 모험》을 읽는다. 이렇게 미국이 만들어지는 데 근본이 됐던 중요한 문서들, 정치 사상가들, 소설가들의 책을 통해 미국의 삶의 방식과 그 특별했던 시작에 대해 생각하며 3학년은 마무리된다.

2학년 때 신학 책들이 많았다면 3학년 때에는 문학 책들이 줄어들고 철학 책들이 많아짐과 동시에 칸트까지 등장한다. 거기서 끝이 아니다. 조니들이 3학년부터 특히 힘들어하는 이유는 세미나가 전부가 아니기 때문이다. 세미나와 함께 이루어지는 3학년 튜토리얼에서 과학 실험 수업과 수학 수업의 비중이 커진다. 시대적으로도 철학, 과학, 수학이 많이 얽혀 있는 시기이기 때문이다. 그래서 3학년 튜토리얼 수업에선 갈릴레이부터 뉴턴, 라이프니츠, 하위헌스, 패러데이, 맥스웰 등의 책을 읽는다. 하여튼 이 모든 수학, 과학의 고전들이 세미나 리딩과 합쳐지면서 그 어려움이 상상을 초월하게 되는 것이다.

나 역시 이 어려움의 늪에서 허우적댔다. 2학년 특별 돈 래그도 무사히 마쳤으니 괜찮겠지 했던 내 추측은 빗나갔고, 3학년 1학기 돈 래그를 마친 후 나는 결국 마지막 관문이라는 총장님에게 불려가는 상황에까지 이르고 말았다.

### 미스 조, 너는 학교에서 행복하니?

내 경우는 이랬다. 3학년이 되자 정말 소문대로, 아니 소문보다 훨씬 더 수업이 힘들어졌다. 비중이 너무 커진 수학과 과학 때문에 문과 성향이던 나는 "2년간 세인트존스가 (철학, 문학만을 공부하는 학교인 척) 나를 속였다!" 하고 통탄했다.

3학년 수업은 정말 차원이 달랐다. 매일매일이 도전의 연속이었다. 날마다 좌절하고 힘들어하며 3학년 한 학기를 보냈다. 그리고 드디어 1학기를 마무리 짓는 돈 래그를 하게 된 것이었다. 평소와 다름없이 격려도 받고, 가혹한 평을 받기도 하며 구구절절한 이야기가 오갔다.

그때 아주 중요한 질문 하나가 나왔다. 내가 태어나기도 전부터 이 학교에서 튜터를 해온, 나이 많은 분의 질문이었다.

"미스 조, 너는 이 학교에서 행복하니?"

질문을 듣자마자 난 갑자기 멍해졌다. 그 질문을 시작으로, 보통 한 학생당 15~20분이면 끝나는 돈 래그가 한 시간이나 지속되었다. 이제 튜터들의 토론 주제는 '미스 조는 세인트존스에서 행복한가'가 되었다. 항상 핵심적이고 좋은 조언을 해주던 튜터가 말했다.

"제가 봐온 미스 조는 조용하지만 진지한 학생입니다. 수업 준비도 늘 해오고 리포트도 빠짐 없이 제출하면서 성실히 공부하거든요. 그런데 우리 학교 커리큘럼 특성상 너무 힘들게 공부하고 있어요. 미국 학생들조차 버티기 힘든 수업인데 외국인으로서 언어적인 어려움까지 더해지니까요. 그런 이유들로 미스 조는 그동안 많이 힘들어하는 모습을 보였습니다. 제 생각에 미스 조는 지금보다 더 행복할 자격이 있다고 생각합니다. 다른 학교에 가서 다른 방식으로 공부한다면 더 행복하지 않을까 하는 생각이 듭니다."

그동안 난 수업에서 문제를 겪으면 튜터들께 고민을 털어놓고 조언 듣는 걸 좋아했다. 대화를 나누다 보면 가슴속 꽁꽁 숨어 있던 서러움이 올라오면서 눈물을 보일 때가 있었기 때문에 돈 래그 중 이런 이야기가 나오게 된 것이었다.

긴 토론이 이어졌지만 튜터들은 쉽사리 의견 일치를 보지 못했고 결국 내 문제는 총장 면담으로 넘어가게 됐다. 총장님까지 만나야 하는 예상치 못한 위기에 처한 나는 학교를 계속 다니고 싶어도 못 다닐 수 있겠다는 생각이 들었다.

총장님과의 면담 날짜를 기다리는 며칠간 나는 폭풍의 언덕에서 비바람에 휩쓸려 곧 날아가버릴 사람처럼 스스로를 붙잡으려 노력했다. 그러면서 돈 래그 동안 오고 간 '객관적 입장에서 본 내 3학년 1학기 모습'에 대해 다시 한 번 생각해보고 마음을 정리할 수 있었다.

며칠 후, 총장님을 만났다. 총장님은 돈 래그 내용을 기록한 '돈 래그 리포트'를 보더니 내 문제가 자신에게까지 넘어오게 된 이유에 대해 궁금해했다. 학생들의 일반적인 문제(에세이, 결석, 건강 문제 등)와는 다른 경우였기 때문이다. '미스 조는 행복한가?'에 대해 나는 며칠간 정리한 내 생각을 말씀드렸다. "제가 이 학교의 특별한 커리큘럼, 또 제 언어 구사 능력이나 성격적인 문제로 고군분투하고 있는 것은 사실입니다. 사실 너무 힘들고, 울기도 많이 울었고요. 매일매일의 수업이 저에게는 큰 도전이거든요. 하지만 그렇다고 해서 행복하지 않은 건 아닙니다. 고군분투를 사랑하고 즐긴다고 할 수는 없지만 그 과정을 통해 더 강해지고 더 많은 배움을 얻을 수 있다면 이 학교에서 계속 공부하는 것이 저에겐 행복이라고 생각합니다."

너무나 감사하게도, 총장님은 내 말에 동의해주었다. 이런 상황이라면 어떤 선택을 하든 학생의 의견을 존중하겠다고 했다. 다른 학교로 편입하는 쪽을 선택하는 것도, 세인트존스에 남는 쪽을 선택하는 것도 그 무엇도 정답이라고 할 수 없다고. 학생이 선택하는 그것이 정답이라고 말했다.

그렇게 해서 우리는 계속 노력해보자는 결론을 내릴 수 있었다. 그 후 총장님은 3학년 2학기에 대한 조언과 함께, 앞으로 어떻게 하는지

지켜보겠다고 말씀하셨고 그렇게 나는 우여곡절 끝에 3학년 1학기를 마칠 수 있었다.

1학기 돈 래그, 총장님과의 대화는 내가 나에게 중요한 질문을 던지게 하고 스스로 답을 하게 만드는 과정이었다. '나는 행복한가'에 대한 질문과 스스로 결정한 그 마음을 간직한 채 나는 3학년 2학기를 보냈고 3학년 2학기 말, 마지막 돈 래그인 컨퍼런스conference를 했다.

**스스로 나를 평가하다**

컨퍼런스의 개념은 돈 래그와 반대라고 생각하면 된다. 돈 래그는 여태껏 튜터들이 '객관적으로' 학생을 판단해왔고 학생이 말할 기회가 나중에야 주어졌다. 하지만 컨퍼런스는 처음부터 학생 본인이 판단한 자신의 수업에서의 모습을 각각의 수업 튜터에게 발표하는 형식이다.

컨퍼런스의 핵심은 학생이 이제 '얼마나 자기 자신에 대해 객관적으로 판단할 수 있느냐'다. 자신을 객관적으로 판단할 수 있다는 것은 스스로 학습하고 발전할 수 있다는 말이기 때문이다. 컨퍼런스를 마지막으로 세인트존스에서의 돈 래그는 마침내 끝이 난다.

졸업까지 마친 이 시점에서 돌이켜보니 돈 래그는 나에게 있어 세인트존스의 그 어떤 튜터들보다도 무섭고 엄격하고 객관적인 선생님이었다. 예상치 못한 칭찬과 격려를 해주다가도 너무나 가혹하게 나를 꾸짖고 눈물을 쏙 빼게 만들기도 했다. 하지만 초심으로 돌아갈 수 있도록, 나를 돌아보게 이끌어주었다.

이 과정이 없었다면 졸업이라는 큰 산을 넘지 못했을 것이다. 내 어려움이 얼마나 가치 있는 것인지 스스로의 힘으로는 깨닫지 못했을 수도 있고, 그저 힘들기 때문에 불행하다고 생각해서 고군분투하기를 그만뒀을지도 모른다.

돈 래그에 대해 느끼는 바는 학생들마다 다 다를 것이다. 나처럼 돈 래그를 혹독하게 당하는 친구들도 있는 반면, 돈 래그를 아무렇지 않게, 칭찬 세례를 받으면서 쉽게 통과하는 친구들도 있기 때문이다.

돈 래그는 남들이 보기엔 별거 아닌, 어느 대학에서나 겪을 법한 어려움 중 하나일 수도 있다. 하지만 내가 경험한 바에 의하면 돈 래그는 세인트존스의 지혜로운 그리고 융통성 있고 인간적인 학생 평가 제도였다.

이렇게 컨퍼런스까지, 힘들지만 그래도 무사히 3학년을 보내고 나면 드디어 졸업반인 시니어, 4학년으로 진급한다. 세인트존스의 마지막 1년이 시작되는 것이다.

# 논문에서 공개 구술시험까지

■ 4학년 세미나 리딩 리스트

톨스토이《전쟁과 평화》(2)

헤겔《정신현상학Phenomenology of spirit》(6)

토크빌《미국의 민주주의Democracy in America》(3)

마르크스《경제학 철학 수고Economic and philosophic manuscripts》(1)

마르크스《자본론Capital》(1)

마르크스《독일 이데올로기German ideology》(1)

멜빌《베니토 세레노Benito Cereno》(1)

듀보이스《흑인의 영혼The souls of black folk》(2)

프리셉토리얼

겨울방학

4학년 1학기의 시작은 톨스토이의 역사소설《전쟁과 평화》다. 역사소설의 영역을 넘어 인생에 대해서까지 생각해보게 만드는 훌륭한 책이지만 익숙하지 않은 러시아 이름과 수많은 등장인물들에 대해 불평하게 된다. 그러나 다음으로 등장하는 헤겔의 《정신현상학》을 읽다 보면 《전쟁과 평화》를 보고 불평할 일이 아니었구나 깨닫게 된다. 헤겔의 생각을 따라가려 애쓰다가 모두가 정신분열증을 일으키려 할 때쯤 다행히 토크빌로 넘어간다. 3학년 후반에 이어 미국 민주주의에 대해 좀 더 알아보고 난 후 마르크스를 만난다. 엥겔스와 같이 활동하며 쓴 그의 책들을 통해 헤겔에서 나아간 새로운 세계관을 접하게 된다. 그 후 모처럼 소설로 넘어와 멜빌의 《베니토 세레노》를 읽으며 인종차별이나 인간의 잔혹함을 보고, 주인공 바보babo의 영리함에 대해 감탄한다. 다음으로 듀보이스의 《흑인의 영혼》을 읽으며 미국 흑인들의 이중 정체성과 고뇌를 아름다운 문체로 접한다. 그 후 기다리고 기다리던 프리셉을 하고, 겨울방학을 맞는다.

도스토옙스키 《카라마조프가의 형제들》(3)

논문 준비(5)

세인트존스에서의 마지막 학기는 도스토옙스키의 《카라마조프가의 형제들》과 함께 시작한다. 카라마조프가의 형제들에게 벌어지는 이야기들을 따라가며 선과 악, 신과 인간에 대한 도스토옙스키의 사상을 얼떨떨하게 방대한 분량과 함께 접한다. 그러고 나면 세인트존스 4년 중 처음이자 마지막으로 세미나를 잠시 중단하는 시기가 오는데, 그 이유는 바로 4학년 논문을 써야 하기 때문이다.

## 배움의 꽃, 에세이 쓰기

세인트존스에서 써야 하는 리포트는 여러 종류다. 제일 기본적인 리서치 리포트부터 실험 리포트, 수학 리포트, 번역 리포트 등의 일반적인 작문 숙제를 받으면 학생들은 "페이퍼가 있다"고 말한다. 에세이 역시도 써야 할 리포트에 속한다고 할 수 있다.

에세이를 쓸 때는 오로지 자신의 생각만으로 글을 진행시켜 나간다는 특징이 있다. 유명한 사람의 주장을 따오거나 어딘가에서 찾은 정보를 인용하지 않는다. 자기 스스로 하나의 질문을 정하고 그에 대한 답도 스스로의 힘으로 찾아나가는 것이 세인트존스의 에세이다.

'자신의 생각만으로 글을 진행해간다는 게 뭐가 그렇게 대단하지?' 하고 의아해할 수도 있다. 하지만 그 의미는 자기 스스로 공부하고 답을 찾아간다는 데서 찾을 수 있다. 독서를 통해 우리는 새로운 것들을 알게 되고 생각해보게 된다. 그것들을 가지고 토론을 하는 과정에서 서로의 의견을 공유하고 다양한 견해를 들으며 생각을 넓힐 수 있다. 그리고 에세이 쓰기를 통해 사방에 퍼져 있던 생각들을 정리하고, 책의 내용 중 내가 관심 있는 한 부분을 더 깊게 파고들며 그 생각의 범위와 깊이를 넓힐 수 있게 된다.

에세이 쓰기는 단순한 글쓰기가 아니다. 세인트존스에서 학생들이 써야 할 것은 글이 아니라 생각이기 때문이다. 그런 이유로 나는 세미나 에세이 쓰기를 '세인트존스 배움의 꽃'이라고 부르고 싶다. 좋아서 하는 적극적인 배움인 만큼 그 과정이 너무 재미있고, 책을 다시 읽어보며 하나하나 새로운 것들을 발견할 때의 흥분은 정말 그 어떤 공부와도 비교가 안 될 만큼 짜릿하다.

그러다 보니 세미나 에세이를 쓸 때는 학교에서 아예 학생들에게 글 쓰는 시간을 준다. 1학년 때는 '긴 주말long weekend'이라는 이름으로 금요일과 월요일 수업을 없애준다. 그래서 주말을 끼고 나흘간 에세이를 쓸 수 있다. 2학년 때는 특별 돈 래그가 있기 때문에 더욱더 에세이가 중요해져서 일주일 동안 수업이 다 취소된다(하지만 저녁 세미나는 여전히 나가야 한다). 스스로 고민, 생각, 공부해보고 그 과정을 잘 정리된 에세이를 통해 보여달라는 뜻이다.

하지만 그중에도 최고봉은 4학년 시니어 페이퍼senior paper, 논문이다. 논문을 쓰는 시기는 4학년의 가장 중요한 이벤트이자 세인트존스에서의 4년을 통틀어 제일 재미있고 소중한 시간이다. 얼마나 중요하면 학교에서는 지구가 멸망한다 해도 취소되지 않는 세미나를 논문을 쓰라고 공식적으로 다섯 번이나 취소해준다. 그렇게 거의 3주 동안 세미나는 물론 모든 수업들이 취소되고 학생들에게는 논문을 쓸 수 있는 기간이 약 한 달 주어지는 것이다.

### 어드바이저와 졸업논문을

기간이 주어지는 것으로 끝이 아니다. 4학년이 되면 학생들은 어드바이저adviser 튜터를 한 명씩 정해야 한다. 논문을 성공적으로 써내기 위한 '자문 튜터' 정도로 생각하면 된다. 어드바이저는 학생들이 자신과 평소에 친하게 지냈던 튜터에게 부탁하거나, 자신이 쓸 논문의 주제에 관해 전문가인 튜터에게 부탁하기도 한다. 튜터는 학생에게 어드바이저가 돼달라고 부탁을 받더라도 학생이 마음에 안 들거나 어떤 다른 이유가 있다면 어드바이저가 되길 거절할 수 있다.

어드바이저가 정해지면 이제 어드바이저와 함께 에세이를 써나간다. 어드바이저와의 친밀도, 에세이에 대한 나의 열정, 어드바이저의 열정 등에 따라서 어드바이저와 자주 만나 브레인스토밍부터 같이 하는 경우도 있고, 혼자 잘해내는 친구들이라면 큰 도움을 받지 않고 그냥 알아서 에세이를 쓰고 자문을 받는 정도로 진행하기도 한다.

이런 논문 쓰는 과정을 다른 학교에 다니는 친구들에게 말하면 다들 하나같이 이렇게 반응했다. "수업까지 취소되고 정기적으로 어드바이저를 만나야 하고……. 엄청 부담스럽고 스트레스 쌓이겠다." 물론 스트레스는 당연히 있다. 아무리 하찮은 리포트를 쓰더라도 치열하게 고민하고 머리 굴려 생각하고 그 생각을 깔끔하게 정리해야 하기 때문에 머리가 깨질 정도의 스트레스는 기본이다.

하지만 이 과정은 그 이상으로 재미있다. 생각해보라. 내가 좋아하는 주제를 깊이 파고들면서 한 달간 수업도 안 나가고 곰곰이 생각해볼 수 있는 시간이 주어지는 것이다! 게다가 내가 좋아하는 튜터와 일대일로 만나 그 주제에 대해 끊임없이 토론하고 탐구할 수도 있다니, 정말 이것보다 신나는 일은 없다. 그래서 조니들은 논문 쓰는 기간을 정말 즐겁게 보낸다.

논문의 길이는 A4 용지 25~100장으로 정해져 있다. 친구들을 보니 평균적으로 25~35장 정도를 썼다. 80장 정도를 써서 어드바이저를 고문하는 친구들이 간혹 있었지만 몇 번의 수정 끝에 결국 페이지를 줄이고 또 줄이는 친구들이 많다. 나는 40장을 썼는데 다시 생각해보면 한 20장쯤으로 확 줄일 수 있었을 것 같다.

논문을 제출하는 날 저녁에는 세미나 전에만 울리는 학교 종이 밤

4학년 논문 어드바이저였던 튜터와 함께. 논문을 쓰는 것은 큰 스트레스지만 그 과정은 상상 이상으로 즐겁다.

새 울린다. 4학년들이 자신의 논문을 제출하기 전에 종을 칠 수 있도록 학교에서 본관을 열어놓기 때문이다. 자기가 쓴 논문의 페이지 수만큼 종을 쳐야 한다는 (괴)소문이 있던데, 그래서 나는 40번 치고 말리라 다짐하고 갔으나 한 번 치는 것조차 어려울 정도로 종이 무거워서 세 번밖에 못 쳤다.

그렇게 종을 치고 나면 시니어들은 논문 제출 마지막 며칠간 잠도 못 자고 씻지도 못했던 괴로움을 싹 잊고 한껏 치장한 뒤 학교에서 5분 정도 떨어진 거리에 있는 학장 집에서 열리는 '시니어 논문 제출 파티'에 참석한다. 논문이 마감되는 대로 네 부의 논문을 뽑아서 제출하는데 입장할 때 학장, 총장, 부총장이 나란히 서서 학생이 제출한 논문의 제목을 모두가 듣도록 읽어준다.

재미있는 건 논문에 진짜 제목이 있고 가짜 제목이 있다는 것이다. 예를 들어 '테아이테토스의 앎에 대하여'가 진짜 논문 제목이라면 가짜 제목은 학생이 마음대로 웃기게 정할 수 있다. 만약 '네가 앎을 알아?'라고 가짜 제목을 붙여온다면 이사장, 총장 등 모두가 모인 파티

자리에서 가짜 제목을 먼저 읽는다.

내 논문 제목은 '라쇼몽 게이트에서의 진실과 거짓'이었고 가짜 제목으로는 '거짓말해도 상관없어. 재미있기만 하다면'이라는 영화 속 대사를 이용했다. 하여튼 그렇게 학생들이 가져온 유머러스한 가짜 제목들을 들으며 모두가 웃어주고 나면 진짜 제목이 읽히고 논문이 전달된다. 그 후 여러 사람과 악수를 하며 파티장에 들어와 먹고 마시며 튜터들, 친구들과 그동안 얼마나 개고생을 했는지 이야기를 나눈다.

### 마지막 학기, 수업은 계속된다

그렇게 논문을 성공적으로 제출하고 나면 '이제 졸업이야, 훌랄라!' 하고 모든 걸 내팽개치고 싶지만 슬프게도 세미나와 함께 모든 수업이 다시 시작된다.

〈드레드 스콧 판결문Dred Scott: Decision〉(1)
링컨《연설문 선집Lincoln speeches; Constitutional amendments》(1)
《대법원 판례집Supreme court decisions》(1)
키르케고르《두려움과 떨림Fear & Trembling》(1)
키르케고르《철학적 단편Philosophical fragments》(1)
니체《선악의 저편Beyond good and evil》(2)
봄방학

미연방 최고재판소의 드레드 스콧 판결문을 통해 당시의 인종차별 문제에 대해 생각해보면서 세미나는 시작된다. 이어서 링컨의 연설문과 대표적인 대법원 판결을 몇 개 읽으며 미국의 민주주의와 시민권, 인종차별 문제들에 대해 좀 더 깊이 고민해보는 시간을 갖는다. 그 후에는 다시 철학으로 넘어가 키르케고르 책들을 읽으며 실존과 불안의 개념, 자유의지에 대해 파고든다. 그 후 헤겔과는 다른 의미에서 불친절하고 오만방자하게 느껴지는 니체를 만나 진리에 대해 탐구하면서 봄방학을 맞는다.

니체《선악의 저편》(4)
프로이트《정신 분석학 입문Introductory lectures》(3)
하이데거《존재와 시간Being and time》(4)
버지니아 울프《댈러웨이 부인Mrs. Dalloway》(2)
비트겐슈타인《철학적 탐구Philosophical investigations》(2)
조이스《더블린 사람들Dubliners》(3)

봄방학이 끝나면 이제 세인트존스 생활을 마무리할 때다. 아쉬움을 한가득 안고, 니체의《선악의 저편》을 마저 읽으며 4학년 마지막 세미나 수업을 시작한다. 프로이트의《정신 분석학 입문》을 읽으며 성에 관한 이야기에 흥미를 느끼다가 하이데거를 읽으며 나는 어떤 존재인가를 고민하고, 모처럼 버지니아 울프의 소설을 읽으며 댈러웨이 부인의 파티에 초대받는다. 그 후 비트겐슈타인이 생각을 되는 대로 늘어놓은 듯해 보이는《철학적 탐구》를 읽으며 지금까지 세인트존스에서 읽었던 철학 사상들과 철학의 본질에 대해 다시 생각해

공개 구술 시험 후 도서관 앞에서 참관해준 친구들과 축하를 하고 샴페인 마개를 던지고 있다.

보는 시간을 가진다.

4년의 세미나 마지막 책은 조이스의 《더블린 사람들》이다. 세인트존스의 100권 독서 목록 중 마지막 책이니까 좀 특별한 책일 거라고 생각했지만 별로 특별한 건 없었다. 세인트존스에 입학했을 때 급작스럽게 호머의 《일리아스》를 펼치며 고대로 들어갔던 것처럼, 모더니즘 소설 《더블린 사람들》을 읽으며 4년간의 고전 독서를 끝낸다.

### 졸업을 위한 공개 구술시험

하지만 졸업을 하기 위해서는 넘어야 할 관문이 하나 더 있다. 공개 구술시험이 그것이다. 논문을 제출하고 나면 4학년 논문위원회가 구성이 되는데, 한 학생의 논문을 총 세 명의 튜터가 읽는다. 그리고 그 튜터들이 논문을 통과시키면 본격적으로 공개 구술시험 일정이 잡힌다.

이 공개 구술시험은 산타페 캠퍼스의 경우 도서관 2층 큰 서재에서 열리는데 세인트존스의 많은 행사 중 어떤 면에서 보면 가장 정중하게 격식을 따지는 행사라고 할 수 있다. 정해진 시간에 공개 구술

시험을 구경하러 온 청중들(학생들 그리고 주제에 관심 있는 학교 관계자 등 누구나)이 미리 와서 앉아 있는다. 중요한 행사다 보니 학생들은 지인들을 초대하기도 하는데 심지어 다른 주에 사는 가족들이 비행기를 타고 참관하러 오기도 한다.

시간이 되면 담당 튜터 세 명과 논문을 쓴 학생이 가운을 입고 사각모를 쓰고 방으로 입장한다. 청중들 모두 자리에 앉아 있다가 일어서서 튜터들과 학생을 맞이하고 이들이 의자에 앉고 나면 착석한다. 구술시험의 시작과 동시에 도서관 문이 잠기고 한 시간가량 아무도 출입하지 못한다.

시간이 되면 프리젠터 튜터presenter tutor(진행자)가 체어 튜터chair tutor(의장)에게 논문 쓴 학생을 소개하고, 학생은 미리 자기 논문에 관한 요약을 준비해 와서 모두에게 읽어준다. 그러고 나서 학생은 튜터들과 논문에 대해, 거기에 쓴 주제들에 대해 편하게 이야기를 나눈다. 튜터들은 논문을 읽으면서 궁금했던 점들을 학생에게 질문하고, 학생은 그에 대한 자신의 의견을 말하거나 다른 부분에 대해 이야기를 하기도 한다.

튜터가 세 명이나 되다 보니 어떤 튜터들이 짝을 이루는지 구경하기 위해 오는 학생들도 있다. 예를 들어 날카로운 A 튜터와 세심하고 예민한 성향의 B 튜터, 비꼬는 성격의 C 튜터가 짝을 이루어 진행되는 구술시험이 있다면 구경 오는 사람이 많다. 튜터의 성향과 학생의 성향에 따라서 엄청난 지적 토론이 진행되기도 하고 편안한 분위기에서 유익한 토론이 오가기도 한다.

그렇게 공개 구술시험까지 마치고 나면 세 명의 튜터가 시험 결과에 대한 결정을 내린다. 크게 실수하지 않는 한 대부분 만족스럽게 통과한다. 그러고 나면 드디어 세인트존스를 졸업할 수 있게 된다.

## 누구에게나 자신만의 이해도가 있다

세인트존스에서는 1학년 때부터 플라톤과 아리스토텔레스를 읽는다. '어떻게 그렇게 어려운 책들로 시작하지? 고전 읽기에 대한 경험이 없는 학생들도 이해할 수 있을까?' 하는 의문이 들 수도 있다.

고전의 중요한 특징 중 하나는 '누구나 볼 수 있다'는 점이다. 어른도 읽기 힘든 고전을 어떻게 애가 읽느냐는 말은 어쩌면 어른의 편견인지도 모른다. 나이, 경험, 지식에 상관없이 다 '자신만의 이해도'가 있기 때문이다. 즉 자신만의 이해도에 맞춰서 읽고, 이해하면 된다.

지금은 한 권을 다 읽었는데도 한 문장밖에 와닿는 부분이 없을지 모른다. 하지만 한 문장만 이해했어도, 책을 이해한 거고 읽은 거다. 책을 다 읽은 직후에는 한 문장밖에 이해되지 않지만 며칠 뒤 어느 순간 다른 문장이 와 닿기도 한다. 몇 달 뒤 어떤 경험 후에 '아앗!' 하고 마음에 꽂히는 문장도 있다. 그렇게 2년 뒤나 5년 뒤 혹은 삶을 살아가며 더 많은 경험을 쌓고 배움을 얻고 난 후 다시 읽어보면 한 문장밖에 와 닿지 않았던 책이 한 장chapter이 와 닿는 책으로 바뀌어 있기도 하고, 어쩌면 다 이해했다고 느끼는 순간이 올 수도 있다(나중에는 또 "다 이해한 줄 알았는데 아니었구나!" 하는 깨달음과 좌절로 번복될 수 있지만). 그렇게 조금씩 자신의 이해도를 높여가며 스스로를 성장하게 하는 책. 그것이 고전이라고 생각한다.

그래서 고전을 읽는 데는 레벨이 없고, 난이도가 없다고 말하고 싶다. 그렇기에 세인트존스에서는 1학년 때부터 어려워 보이는 플라톤과 아리스토텔레스를 읽는 것이다. 나 역시 당시에는 허접한 수준의 이해력으로 그 책들을 읽었다. 읽어야 하니까 어쩔 수 없이 읽었던 책들도 많다. 그런데 나중에 내가 인간관계에 대한 갈등을 겪고 있을 때 문득 그 책들을 다시 봐야겠다는 생각이 들었고, 다시 읽었다. 그러면서 처음에는 무슨 말인지 몰랐던 문장들이 새롭게 느껴졌다. 고전은 '한 번 읽고 끝!' 하는 책이 아닌 것이다.

그렇다면 나는 4년 동안 그 대단하다는 고전 100권을 읽고 무엇을 얻은 것일까? 아무리 허접한 수준의 이해도로 읽었다지만 아무튼 힘들게 읽고 토론하며 생각해본 건 엄연한 사실이다. 나는 두 가지를 얻었다.

우선 인류의 '생각의 과정'을 시대순으로 엿볼 수 있었다. 고대에서부터 근대까지 인류의 생각이 어떻게 발전해왔는지 엿본 것이다. 그리고 결국 시대만 다를 뿐 그들도 우리가 지금 하고 있는 것과 똑같은 고민들을 해왔고 그에 따른 가치관을 하나하나 세워나갔다는 걸 깨달았다. 그렇게 인류는 정말 옛날부터 인간에 대한 본질적인 질문을 꾸준히 해왔으며 그 질문들이 철학으로, 수학으로, 과학으로, 문학으로, 형태만 다르게 표현된 것이다. 더불어 매순간, 현재인 이 시간을 살아가고 있는 수십억 명의 인간 중 하나인 나도 그들처럼, 그

동안 인류가 가지고 발전시켜 왔던 그 수많은 사상들을 바탕으로 '나는 어떤 사고와 가치관을 가지고 어떤 삶을 살고 싶은가'에 대해 고민해보고 싶어졌다.

고전 100권을 읽고 얻은 두 번째 생각은 저 책들 다 다시 읽어야겠다는 절박한 다짐이다. 정말로 진심으로, 이 책들을 다시 읽고 싶다. 한 번 읽었으니까, 혹은 한 번 훑었으니까 다 배웠다고 생각한 적도 있지만 전혀 그렇지 않았다. 내 수준에서 배우긴 배웠지만 그 배움은 사실 빙산의 일부분일 뿐이란 것 역시 깨닫게 됐기 때문이다. 나만 그런 건지, 고전을 공부하는 사람들이 다 그런 건지는 모르겠지만 나는 이제야 어떻게 공부해야 내가 '배웠다'고 느낄 수 있는 '진짜 공부'를 할 수 있는지 조금이나마 알게 된 것 같다.

그래서 초조하다. 내 인생이라는 시간은 째깍째깍 흐르고 있는데 세상에 배울 것들, 읽어야 할 좋은 책들, 생각해야 할 거리들은 너무나 많다. 꾸준한 스스로 학습을 통해 여러 사물과 현상에 대해 나만의 가치관을 바르게 세워나가고 싶다. 그러기 위해 앞으로 내가 무슨 일을 하든 시간을 들여 이 책들을 다시 읽으며 평생 스스로 공부하는 습관을 들이고 싶다. 그래서 매일매일, 오늘의 무지에서 조금이라도 더 깨어나는 사람이 되길 바란다. 뭔가 대단한 걸 기대했다면 미안하지만, 이게 내가 세인트존스에서 4년간 고전 100권을 읽고 난 솔직한 소감이다.

# 4

# 핵심 교양을 키우는 학교

체계적이고 세심한 공부 습관,

집요한 토론과 글쓰기 습관을 기를 수 있도록

세미나 수업을 보완해주는 것이

언어, 수학, 음악, 과학 실험 튜토리얼이다.

## 모든 배움은 연결되어 있다

세인트존스가 고전 100권을 읽는 학교로 유명해졌기 때문에 '4년 내내 고전 100권만 읽는 학교'라고 알고 있는 사람들이 많다. 이에 대해 좀 더 자세한 설명이 필요할 것 같다. 세인트존스가 4년 내내 고전 100권을 읽는 학교인 것은 맞다. 그렇다고 해서 고전 100권'만' 읽는 학교는 아니다. 왜냐하면 세미나 수업에서는 고전 100권을 읽고 토론하지만 세미나 이외의 다른 수업에서는 또 다른 고전을 읽기 때문이다. 세미나 이외의 다른 수업을 '튜토리얼'이라고 부른다.

세미나는 고전 100권을 읽는다는 특성상 광범위한 내용을 배우기 때문에 넓은 시야와 속도감 있는 공부 습관을 키울 수 있게 하지만 체계적이고 신중한 공부나 정밀한 토론을 할 기회를 주지 못한다. 따라서 다른 배움의 방법이 필요한데 그것이 바로 수학, 과학 실험lab, 언어, 그리고 음악 튜토리얼이다. 세미나가 월, 목 저녁만 있는 수업이라면 튜토리얼은 일반 대학 수업처럼 월, 화, 수, 목, 금 오전과 오후 시간에 분배돼 있다. 수학, 언어 수업은 일주일에 세 번씩 4년 내내 있다. 과학 실험 수업은 3년(1, 3, 4학년), 음악 수업은 2년(1, 2학년)

과정이다.

세미나는 참여 인원이 20명 안팎으로 세인트존스에서 제일 규모가 크지만 튜토리얼은 한 반의 학생 수가 13~16명 정도인 작은 수업이다. 학생들은 수학과 과학 실험을 통해 각 분야의 주요 이론을 증명하고, 그 과정을 통해 어떤 문제에 대해 신중하게 분석하는 훈련을 한다. 또 언어 수업에서 희랍어, 프랑스어 고전들을 번역하면서 더 정확한 의미를 파악하기 위해 애쓰고 디테일한 부분들에 대해 통찰해보는 연습을 한다. 음악 수업을 통해서는 유연하고 감각적인 사고를 형성하기 위한 기반을 다진다.

#### 세인트존스 전용 교과서, 매뉴얼

세미나는 4년간 짜인 리딩 리스트대로 철학과 문학 고전들을 시대순으로 읽었지만 튜토리얼(수학, 과학, 음악, 언어)은 어떻게 고전으로 배우는 걸까? 튜토리얼 역시 세미나와 비슷하게 대부분 시대순으로 흘러간다고 할 수 있다(언어 수업 제외). 그런데 수학을 예로 들어보면 유클리드부터 현대 수학 이론까지 그 역사가 어마어마할뿐더러 그 원전들 한 권을 제대로 읽기도 어려운 일이다. 게다가 아무리 중요한 이론들만 읽는다 해도 여러 권일 텐데 고작 4년 동안 다 읽는다는 것이, 게다가 읽고 이해를 한다는 것이 말이 될까?

중요하다고 판단돼 학교 측에서 선별한 책들을 학생들은 큰 시대순으로 읽으며 넘어간다. 처음부터 끝까지 다 읽기도 하지만 특정한 부분만을 읽고 넘어가는 책들도 많은 편이다. 수학 수업과 과학 실험 수업의 경우에는 수학자, 과학자들이 썼던 논문에서 발췌한 부분을

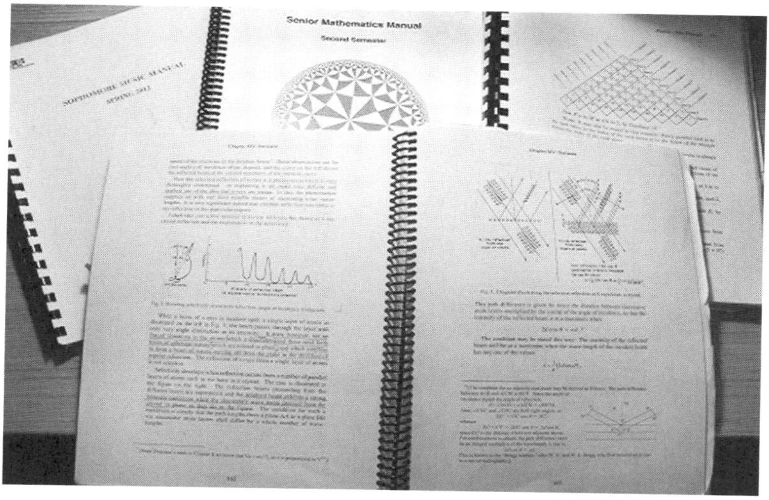

세인트존스 전용 교과서 매뉴얼. 수업에서 사용하는 책과 논문 중 필요한 부분만 발췌하여 엮어놓은 것이다.

읽는 경우도 많다. 어떻게 그때그때 논문을 구할까? 그거 한 챕터 읽자고 책을 사야 하나? 그래서 튜토리얼 수업에서는 책 대신 책과 논문에서 발췌한 부분들을 한데 엮어놓은 '매뉴얼manual'이라는 교과서를 사용한다. 한마디로 수학, 음악, 과학 실험 수업을 위한 세인트존스 전용 교과서가 존재하는 것이다.

이 전용 교과서는 일반 대학에서 사용하는 교과서와는 다르다. 일반 대학에서 쓰는 교과서는 교육 과정의 목적에 따라 편찬된 학습서다. 따라서 학생들이 배워야 하는 핵심 콘셉트가 있고 그것이 편집자의 해설, 가치관에 따라 재구성된다. 하지만 매뉴얼은 저자들의 책 내용 중 학생들이 배우는 데 있어서 중요한 부분들이 (편집자의 설명과 함께 풀이된 것이 아니라) 그대로 실려 있다.

학생 입장에선 다른 교과서들처럼 앞뒤로 설명이 좀 자세하고, 대신에 어려운 원전 내용 부분은 제일 중요한 포인트만 추려져 있어야 이해하기가 편하다. 하지만 세인트존스 매뉴얼은 그렇지 않다. 물론 편집자의 설명이 조금 있기는 하지만 일반 교과서들과 비교했을 때 아주 적은 편이기 때문에 어떤 면에서 보면 굉장히 난해하고 불친절하다. 그래서 공부하다 보면, 예를 들어 우리가 왜 아리스토텔레스《물리학》의 그 부분을 읽는지조차 이해가 안 될 때가 있다. 심지어 과학 실험 수업의 경우에는 왜 이 실험을 하는지, 실험의 목적조차 모를 때도 있다.

하지만 여기는 세인트존스다. 모든 수업이 토론이고, 어떤 수업에서든 토론을 한다. 모든 수업에서 왜 우리가 이걸 읽는지, 이런 실험을 하는 목적이 무엇일지에 관해 튜터와 학생들이 함께 이야기를 나누고 난 후 다시 본문 내용에 관해 토론한다. 이런 식이기 때문에 튜토리얼 수업에선 튜터의 역할 비중이 세미나에서보다 조금 더 크다. 수학, 음악, 과학, 언어의 학습 과정을 매뉴얼과 함께 이끌어가야 하는 사람이기 때문이다.

### 뭐든지 가르칠 수 있는 튜터들

특이하게도 세인트존스의 튜터는 모든 과목을 다 맡을 수 있어야 한다. 나이나 경력에 따라 다르지만 튜터는 보통 세미나 수업 하나 그리고 튜토리얼 수업 두세 개를 맡는다. 튜터가 어떤 학년의 어떤 수업을 맡을지는 학교 측이 결정한다(물론 튜터도 어떤 수업을 맡고 싶은지 의사 표명은 하지만 그게 절대적으로 반영되는 것은 아니다). 따라서 튜터는 어떤 학년의 어떤 수업이 주어지든 그 수업을 이끌어나갈 능력이 있어야 한다.

어떻게 튜터들이 하나의 전문 분야를 가지고 있는 게 아니라 학교에서 정해주는 대로 문학, 철학, 과학, 수학, 심지어 음악을 왔다 갔다 할 수 있는지, 그 전문성을 의심할 수도 있다. 하지만 이것이 가능한 이유는 또다시 세인트존스의 토론 수업에서 찾을 수 있다. 교수가 자신의 전문 분야를 강의해주는 수업이 아니라 학생들과 함께 이야기하고, 함께 공부하는 수업이기 때문에 가능하다는 말이다.

전문 분야를 공부한 튜터가 진행한다고 해서 더 좋은 수업이 된다는 보장은 없다. 오히려 튜터가 그 분야를 알고 있으면 (하고 싶은) 말이 많아, 학생들이 싫어하는 경우를 종종 보기도 했다. 학생들에게 말하고 탐구할 기회를 주는 것이 아니라 학생들의 질문에 튜터 본인이 다 답해주고 강의하는 수업이 될 가능성이 커지기 때문이다. 오히려 음악은 수학을 전공한 튜터가, 수학은 음악을 전공한 튜터가 가르쳐서 더 재미있는 수업이 되기도 했다.

튜터들은 매주 튜터 미팅tutor meeting을 한다. 예를 들어, 3학년 수학 수업을 가르치는 튜터들이 매주 정해진 시간에 모두 모여 서로의 수업 진도를 비교해보기도 하면서 서로 수업 정보를 공유하는 것이다. 그 미팅에는 조교 학생(이하 조교) 역시 참가할 수 있다. 이 조교는 학교에서 고용한 학생 과외 선생님쯤으로 생각하면 되는데, 학년별로 각 과목마다 조교들이 고용돼서 정해진 시간 동안 정해진 장소에서 일을 한다. 예를 들어 커피숍이나 도서관 등 어느 장소에 조교들이 앉아 있으면 그 과목을 공부하는 데 어려움을 겪고 있는 다른 학생들이 조교들을 찾아가 도움을 받는다. 조교들은 그 과목을 잘하는 학생들이고 다른 학생들이 어떤 부분을 어려워하는지 알고 있기 때문에 튜터 미팅에 참석해 학생들을 대표하는 역할을 한다.

아무리 서로 정보가 공유된다 해도 튜터들이(특히나 신입 튜터들이) 조금 도전적으로 받아들이는 부분은 아무래도 언어 수업일 것이다. 희랍어, 불어 수업은 문법부터 따로 공부해야 하기 때문이다. 그래서 세인트존스에 온 지 얼마 안 된 튜터들은 종종 학생들과 수업을 같이 듣는 경우도 있다. 예를 들면 내 불어 수업에는 한 튜터가 청강 식으로 우리와 함께 한 학기를 공부했는데 그 튜터가 다음 해에 불어를 가르쳐야 했기 때문이었다. 또 2010년에 처음 세인트존스에 들어온 튜터가 한 분 계셨는데, 이 튜터는 (학생으로서가 아니라 튜터로서) 우리 학번과 함께 1학년부터 4학년까지 전 과정을 4년간 쭉 같이했다. 그렇게 4년 과정을 쭉 듣고 커리큘럼을 익히고 난 후 자신이 맡게 될 담당 수업들을 배정받는 것이다.

게다가 과학 실험 수업의 경우 절반은 토론, 절반은 실험 위주이다. 토론의 경우는 튜터들이 지도할 수 있지만 실험은 조교 학생이 따로 있어서 그 조교가 수업을 진행하는 식이었다. 실험은 이런저런 기구들을 이용하고 어떤 목표로 하는 실험인지 설명해주는 등 전문성이 필요하기 때문이다. 과학 실험 조교들 역시 다른 학생들보다 과학 쪽에 소질 있고 실험에 푹 빠져 있는 '과학쟁이'들 중에서 뽑는다. 이 친구들은 매주 실험실에 모여서 미리 자기들끼리 실험을 해보고 수업 때 학생들을 이끄는 중요한 역할을 한다.

이런 구조이기 때문에 한 명의 튜터가 다양한 과목의 수업을 맡는 것이 가능하다. 튜터들은 자신이 가르치는 것이 아니라 학생들과 함께 공부하는 것이라고 받아들인다. 그만큼 스스로 배우고 공부하는 것 자체를 즐긴다.

### 원전과 매뉴얼을 넘나드는 수업

튜토리얼 수업은 매뉴얼을 가지고 공부하지만 그렇다고 해서 매뉴얼만을 보는 것이 아니다. 수업마다 다르지만 매 학기 수업이 시작하기 전 학생들은 학습계획서를 받는다. 거기에 보면 학기마다 필요한 교재들이 적혀 있다. 4학년 수학 수업을 예로 들어보면 아인슈타인의 책 두 권과 4학년 수학 매뉴얼, 이렇게 총 세 권이 필요했다. 이렇게 세 권을 가지고 수업 스케줄에 따라 아인슈타인의 원전을 읽다가 민코프스키, 로바쳅스키, 칸트가 그 내용에 관해 어떤 말을 했는지 매뉴얼에 짜깁기된 내용을 읽기도 하는, 왔다 갔다 하는 방식이 튜토리얼 수업 방식이다.

튜토리얼 수업에도 당연히 숙제가 있다. 언어 수업은 가끔 단어 외우기나 문법 퀴즈 같은 것들이 있지만 그 외에는 모두 글쓰기, 즉 에세이다. 세미나에서는 한 학기에 한 번, 중요한 숙제인 세미나 에세이를 쓰지만 튜토리얼에서는 여러 번 쓴다. 수업에 따라, 튜터에 따라 써야 하는 에세이의 횟수와 쪽수는 다르지만 보통 수업당 한 학기에 많으면 서너 번이었다. 과학 실험의 경우 에세이를 쓸 때도 있었지만 실험 리포트lab report를 쓸 때도 있었고, 실험 리포트의 경우 사실 위주로 쓰다 보니 길이가 짧고 쓰기가 쉬운 대신 에세이보다 더 자주 썼다.

# 원전을 독해하기 위한 언어 수업

### 저자의 의도를 직접 읽기 위해

세인트존스의 언어language 수업은 1, 2학년 2년간의 고대 그리스어(희랍어) 수업과 3, 4학년 2년간의 불어 수업으로 구성되어 있다. 처음엔 희랍어와 불어를 배운다고 해서 그리스나 프랑스를 여행할 때 유용하겠다 싶어서 좋아했다. 그렇게 4년 후에 유창하게 그리스어와 불어를 하고 있을 모습을 상상했으나 그건 완전한 착각이었다. 내가 뭘 몰라도 너무 몰랐던 것이다. 세인트존스에서는 소통을 위한 실용언어를 익히는 것이 아니라 독해를 위해 필요한 언어를 공부하기 때문이다.

그리스 비극이나 아리스토텔레스, 플라톤 등을 읽으며 토론하는 세미나를 가보면 대부분의 학생들은 (현대) 영어 책을 가져오지만, 튜터들 중에는 꼭 그리스어 원전을 가져오는 사람들이 있다. 언어에 소질이 있는 몇몇 조니들 역시 그리스어 원전을 영어 책과 함께 가져온다. 희랍어로 된 원전을 술술 읽을 정도의 실력이라서가 아니라 토론 중 영어 번역이 의심스러운 부분이 있을 때, 또는 토론 중인 개념이 어떤 의미인지 더 정확히 알고 싶을 때 원전을 찾아보기 위해서다.

하지만 평소 세미나에서 읽는 책과 범위가 많기 때문에 언제나 원전을 읽을 수가 없다. 그래서 그 언어를 배우고 여러 원전들을 천천히 함께 읽어보며 깊이 있게 공부하는 언어 수업이 필요하다. 그리고 그런 이유 때문에 이 과목의 이름이 희랍어 수업, 또는 불어 수업이 아닌 '언어' 수업인 것이다.

희랍어, 불어 독해 능력은 리포트를 쓸 때 역시 아주 크게 도움이 된다. 나는 1학년 때 아리스토텔레스의 《니코마코스 윤리학》으로 세미나 에세이를 썼다. 《니코마코스 윤리학》의 한국 번역본에는 '관조'라고 번역된 단어가 어떤 영어 번역본에서는 'contemplation'이라고 되어 있었고, 다른 번역본에서는 'activity of study'라고 돼 있었다. 또 다른 번역가가 번역한 책을 살펴보니 거기서는 'activity of intelligence'라고 되어 있었다. 어떤 차이가 있는지도 잘 모르겠고 이 수많은 번역가들 말고 저자인 아리스토텔레스는 어떤 단어를 썼을지 궁금해져 희랍어 책을 뒤져보니 θεωϱία(Theoria)라고 쓰여 있었는데, 이 단어는 '보다', '응시하다', '관찰하다' 등 여러 뜻을 가지고 있다는 것을 알 수 있었다.

어떻게 보면 비슷하지만 미묘하게 다르게 느껴질 때, 그런데 그 단어가 책이 말하고 있는 핵심이자 중요한 단어이고 개념일 때, 원전을 뒤적여보고 저자가 어떤 의도로 그 단어를 썼는지 직접 살펴보며 고민해보는 것은 아주 의미 있는 일이다. 번역가를 통해서가 아니라 자기 스스로 그 의미를 생각해보고 저자의 의도에 가장 가까운 뜻을 직접 선택할 수 있기 때문이다. 즉, 번(통)역가를 통해서가 아니라 나와 저자의 직접적인 소통이 이루어지는 것이다. 그렇게 하기 위해서 필요한 것이 바로 원전을 살펴보고 (사전을 이용하더라도 어느 정도 문맥을) 이해할 수 있는 언어 능력, 독해 실력이다. 그래서 세인트존스에는 언어 수업이 있는 것이다.

### 문법, 언어의 기본

독해를 위해 학생들이 제일 처음에 배우는 것은 당연히 문법이다. 처음 입학한 1학년 때는 문법책 한 권을 떼는 데, 거의 일주일에 한 장chapter씩 빠른 속도로 문법을 훑는다. 그런데 희랍어는 정말 엄청 어려웠다. 영어나 한국어가 정말 추상적인 언어구나 싶은 느낌이 들 정도로 희랍어는 정확하고 정교한 언어였다. 번역을 빨리 하기 위해서는 어느 정도 어휘를 알고 있어야 하니 중요 단어들도 외워야 하고 시제와 성수性數에 따른 동사 변형들도 암기해야 했는데, 짧은 기간 내에 빠르게 진도를 나가다 보니 암기량이 많아 정말 힘들었다.

그렇게 1학년 때는 2학기 중반쯤까지 주구장창 지루한 문법만 공부한다(물론 중간중간 짧은 문장 번역 연습을 꾸준히 하긴 하지만 문법 공부가 우선시된다). 어휘는 잘 모르더라도 문장 구조나 시제를 파악하고 있으면 나중에 영어 번역본과 빠르게 비교해볼 수 있기 때문에 고생스러워도 이 시기에 잘 암기해놓고 익혀두면 번역할 때 훨씬 편해진다. 또 희랍어 문법을 공부하다 보면 영어와는 다른 문법적 차이를 발견하게 되고 그에 따라 두 언어의 성질과 역할은 물론 언어 그 자체와 본질에 대해서까지도 고민해보게 된다. 그러면서 새로운 시각도 가질 수 있다. 그렇게 학생들은 입학하자마자 번역을 하는 데 필요한 기본을 다진다.

1학년의 고된 문법 공부가 끝나갈 무렵부터는 드디어 그동안 배운 독해 문법 실력을 가지고 1학년 세미나에서 읽는 플라톤의 《메논》을 번역하기 시작한다. 그 후에는 플라톤의 《국가》, 아리스토텔레스의 《윤리학》, 《물리학》 등 세미나에서 읽는 책들의 일부분 역시 번역한다. 그렇게 1학년이 끝나갈 무렵이면 학생들은 사전과 자신이 그동안 문법 공부를 하며 정리한 노트들의 도움을 받아가며 원전을 번역할 수 있게 되는 것이다.

1학년 때는 이렇게 희랍어 기본 문법의 기초를 튼튼히 다지는 해이기도 하지만, 중요하게 익혀야 할 일이 또 하나 있는데 바로 학생들의 글쓰기 실력 향상이다. 에세이는 미국 대학에서 가장 중요하게 여기는 요소 중 하나다. 세인트존스 역시 모든 숙제가 에세이 쓰기인데 앞서 3장에서도 설명했듯이 세인트존스에서 쓰는 에세이는 다른 참고 자료reference를 이용해 자신의 주장을 뒷받침하는 글이 아니라 오로지 자기 머릿속에서 나온 순수한 자신의 생각만을 가지고 조리 있게 쓴 글이 높게 평가받는다.

그런데 세미나는 물론이고 대부분의 수업에서도 튜터가 에세이 주제를 정해주지 않는다. 그래서 처음으로 에세이를 쓰는 1학년 때는 뭘 어떻게 정해야 할지, 어떤 종류의 글을 써야 할지 몰라서 모두가 우왕좌왕한다. 그렇기 때문에 언어 수업에서 미리 글쓰기 연습을 시키는 것이다. 언어 수업의 첫 숙제는 세미나 에세이 초고 써내기다. 언어 수업 튜터들이 초고를 써오라고 하면 다들 개략적인 초고를 내고 거기에서부터 에세이 쓰기가 시작되는 것이다. 튜터들의 피드백

1학년 희랍어 수업 준비 중. 알파벳부터가 웬 외계어인가 싶다.

을 받으면서 수정하고 다시 쓰는 과정을 반복한다.

특히 1학년 때는 다른 수업 튜터들보다도 언어 수업 튜터들이 사명감을 가지고 학생들의 세미나 에세이를 도와준다. 학생 한 명 한 명과 일대일로 만나 에세이의 주제에 대해, 학생들이 어떤 방식으로 자신의 주장을 전개해나갔는지에 대해 여러 가지를 의논하고 피드백을 해준다. 그렇게 학생들은 1학년 언어 수업을 통해 자신들이 앞으로 세인트존스에서 4년 내내 주구장창 써내야 할 '좋은 에세이 쓰기'의 기초 틀을 잡는 것이다.

### 본격적인 희랍어 번역 시작

2학년부터는 본격적으로 희랍어 원전들을 번역한다. 첫 학기에는 소포클레스의 비극 《오이디푸스》 또는 호머의 서사시, 그리고 희랍어 《신약성서》를 번역한다. 신중한 번역 과정을 통해 학생들은 원전과 번역본의 복잡하고 미묘한 차이들을 발견한다. 뿐만 아니라 번역이 주는 장점과 한계에 대해서도 많은 생각을 하게 된다. 나는 수업에서 《오이디푸스》를 몇 주에 걸쳐 처음부터 끝까지 다 번역했는데 단어들도 어려웠고 문장 자체도 단순하지 않아 번역하는 데 시간이 많이 걸렸다(한 페이지 번역하는 데 4시간도 넘게 걸렸다).

그러고 나서 《신약성서》를 번역하니 《신약성서》는 문장 구조나 단어들이 《오이디푸스》에 비해 정말 쉬웠다. 그렇게 2학년 과정까지 끝내고 나면 기본적으로 희랍어 성경 정도는 번역이 가능해진다(성경은 다른 희랍어 책들에 비해 상대적으로 초보자들도 번역하기가 제법 수월하다). 희랍어 원전을 사전을 많이 뒤적여보지 않고 읽어나가는 재미는 상상 그 이상이다.

2학년 2학기부터는 희랍어 번역에서 해방된다. 언어 그 본질에 대한 공부를 아리스토텔레스의 논리학Logic과 함께 시작한다. 《오르가논Organon》의 일부분을 읽고 수업 시간에서 토론하면서 연역deduction과 귀납induction에 대해, 형상과 개념에 대해 고민해본다. 그리고 그것들이 언어와 어떻게 관련이 되는지, 이 모든 것들을 가능하게 하는 '언어'라는 것의 한계와 역할에 대해서도 탐구해본다.

아리스토텔레스의 논리학을 맛보고 나면 남은 2학년 동안 학생들은 이제 영시로 방향을 돌린다. 16, 17세기 영시 공부를 시작하면 수업에 따라, 튜터의 성향에 따라 읽는 책이 달라진다. 어떤 수업에서는 2학년 세미나에서도 다루는 초서의 중세 작품들을 읽는다. 초서 수업은 내가 제일 좋아했던 2학년 수업 과정 중 하나였다. 중세 영어라 그냥 눈으로 읽으면 어렵긴 했지만, 신기하게도 소리 내서 읽으면 현대 영어와 비슷한 단어들이 제법 많았고 무슨 뜻인지 추측해보는 재미도 있었다. 게다가 초서의 《캔터베리 이야기》는 운율도 아름다웠을 뿐만 아니라 내용적으로도 정말 예술적인 책이었다. 읽고 있으면 나까지도 예술적 영감이 마구 샘솟는 듯한 기분이 들 정도였다. 그렇게 2학년은 희랍어 번역에서 시작해 중세 영시 탐구를 끝으로 언어 수업을 마친다.

### 번역에 따라 달라지는 차이를 느끼다

희랍어를 배웠던 2년간의 언어 수업은 3학년에 올라가면서부터 불어 수업으로 바뀐다. 영어와도 비슷한 불어는 희랍어보다는 배우기가 훨씬 쉽기 때문에 학생들은 한 학기 정도 만에 문법과 함께 중요한 동사와 시제를 빠르게 익힌다. 그러면서 틈틈이 라로슈푸코의 잠언, 파스칼, 데카르트, 루소 등의 글을 번역하고 토론해보는 시간을 갖는다. 문법은 지겨웠지만 가끔 튜터가 번역 연습을 해보라고 나눠준 단문들을 번역하고 토론하는 것이 재미있었다. 또 빅토르 위고 등의 불어 시 번역도 제법 했는데 나는 원래 시를 좋아하기 때문에 하나의 불어 원문 시를 두고 번역가에 따라 달라지는 시의 느낌을 비교해보는 것도 신기했다. 게다가 불어만이 가지고 있는 그 느낌을 최대한 살려 내가 직접 영어 시로 바꿔보고 친구들과 이야기를 나누는 수업은 정말 재미있었다.

2학기부터는 불어 희극을 읽기 시작한다. 대부분 영어로 읽고 일정 부분을 번역해보는 방식이다. 라신의 《페드르Phedre》와 몰리에르의 《인간 혐오자Misanthrope》, 《타르튀프Tartuffe》 등을 읽기도 하고, 튜터마다 자기 취향대로 또는 학생들과 함께 의논해서 읽을 책을 선정한다. 나는 몰리에르의 《인간 혐오자》를 좋아했는데 주인공인 알세스트가 모든 종류의 인간을 혐오하면서도 가장 혐오스럽고 가증스러운 캐릭터인 셀리몽을 사랑하는 아이러니가 신기했기 때문이다.

이런 책들은 읽을 때는 영어 번역본을 읽지만 튜터가 불어 버전을 항상 가지고 오고 원전을 가지고 있는 친구들 또한 불어 책을 가져오므로 수업 시간에 토론하면서 특정 구절을 번역해보기도 하고 더 자세히 살펴보고 이야기하는 식으로 수업이 진행됐다. 또 이런 책들에 관한 에세이 역시 그냥 책의 내용에 대해서 쓰는 것이 아니라 언어 수업인 만큼 자신이 관심 있는 어떤 부분, 자신의 주제와 관련된 부분을 선정해 번역해보고 그 미묘한 차이라든가 새롭게 발견한 점에 대해 쓰는 에세이가 많았다.

이런 과정을 통해 학생들은 작가들이 글에 담은 그들만의 리듬, 스타일, 수사학적 기법, 방향 등을 좀 더 날카롭게 살필 수 있고 전반적으로 더 깊이 있게 내용을 이해할 수 있게 된다.

### 깊이 있는 언어 공부의 즐거움

4학년 언어 수업은 4년간의 언어 수업 중 개인적으로 제일 좋았던 수업이었다. 4학년은 '언어의 문학적 사용'에 좀 더 초점을 맞춘다. 여전히 불어와 영어로 된 문학, 산문을 번역하고 토론하며 현대 문학까지 많은 작품을 읽고 이야기 나눈다. 4학년 수업은 특히나 튜터에게 자유가 많이 부여되는데 일반적으로 랭보, 발레리, 보들레르, 프루스트의 작품을 읽는다.

나는 수업 때 플로베르의 《세 가지 이야기Three tales》, 보들레르의 《악의 꽃Flowers of evil》, 스탕달의 《적과 흑The red and the black》 그 외의 여러 시를 읽었다. 특히 누가 옳고 누가 나쁜지 계속 마음이 왔다 갔다 하면서 인간의 선함과 악함 그리고 위선에 대해서, 또 이런 인간들을 만드는 사회의 모습에 대해서도 생각하게 해준 《적과 흑》을 재미있게 읽었다.

2학기에는 19, 20세기 영시를 읽고 최소 한 권의 20세기 영어 소설을 읽는다. 버지니아 울프의 《등대로To the lighthouse》나 포크너의 《내가 누워 죽어 갈 때As I lay dying》를 선택하는 수업들도 있고 튜터들에 따라 플래너리 오코너의 소설을 2학기 리딩으로 포함시키기도 한다.

나의 수업에서는 2학기 때 체호프의 단편소설, 멜빌의 《빌리 버드Billy Bud》와 《필경사 바틀비Bartleby, the scrivener》, 디킨슨의 시를 읽었고 윌리엄 포크너의 《모세여 내려가라Go down, Moses》, 《내가 누워 죽어 갈 때》라는 아주 묘한 분위기의 책을 읽고 토론했다.

이렇게 4년간의 언어 수업이 끝난다. 읽고 스스로 번역해보기 위해 문법을 배우지만 단어의 종류와 문법적 특성들을 탐구하다 보면 언어가 어떤 방식으로 그 의미를 명료하게 표현하는지, 그 방법들에 대한 의문도 생기고 논리적, 수사적, 시적인 문장 구조들을 분석하면서 작가에 따른 독특한 표현 방식들이 독자인 우리를 어떻게 설득시키고 어떤 영향을 줄 수 있는지 살펴보게 된다.

개인적으로 희랍어 문법 공부는 정말 어려웠지만 희랍어와 불어를 배웠기 때문에, 작가의 생각을 좀 더 깊이 있게 알아보고 싶을 때 원전을 뒤적여보며 연구해볼 수 있었다. 그 자체가 큰 즐거움이었다.

# 영혼과 감정을 풍부하게 하는 음악 수업

**기본적인 음악 이론부터 합창 연습까지**

4년간 세인트존스의 학생들이 공부해야 할 필수 과목은 세미나, 수학, 과학, 언어, 그리고 음악이다. 처음 음악 수업이 있다는 말을 들었을 때 뭔가 의아했다. '으음? 세미나, 수학, 과학, 언어는 그렇다 치고…… 웬 음악?'

옛날부터 위대한 철학자들은 음악의 중요성을 잘 알고 있었다고 한다. 아리스토텔레스는 음악이 영혼의 상태 또는 감정을 모방한다고 말했다. 어떤 노래를 들으면 그 사람은 자신도 모르게 그 노래가 가지고 있는 감정으로 가득 차게 되는 것이다. 만약 비열한 감정을 일으키는 음악을 습관적으로 듣는다면 그 사람의 성격은 비열해진다고 보았다. 그 정도로 아리스토텔레스는 음악이 인간의 감정과 영혼에 큰 영향을 끼친다고 생각했다.

세인트존스의 음악 수업 역시 그 정신을 받들고 있다. 1, 2학년에 듣는 총 2년간의 음악 수업은 기본 교양 수업으로 여겨진다. 학생들은 리듬, 멜로디 등 음악의 기본 요소들을 탐구하고, 그럼으로써 음악적 존재로서의 우리 인간을 또는 우리가 살고 있는 음악적 세상을 발견한다.

1학년 음악 수업의 목적은 2학년 음악 수업을 위한 준비라고 할 수 있다. 이 준비 과정에는 크게 두 가지 요소가 있다.

하나는 학생들이 기본적으로 음악을 배우는 데 필요한 기술을 배우는 것이다. 계이름부터 시작해 악보 읽는 법, 아주 기본적인 음악 이론들을 배운다. 이전에 학생이 어떤 음악적 경험을 했든지 간에 똑같이 기본에서부터 시작한다. 물론 수업 시간에 잠깐씩 토론을 하기도 한다. 1학년 수업 때는 아리스토텔레스가 말한 음악 교육에 대해 어떻게 생각하는지, 여가 활동의 의미와 목적은 무엇인지, 음악이 어떻게 인간을 풍요롭게 하는지 등에 대한 토론을 했다.

또 다른 하나는 코러스 연습이다. 희랍어로 된 합창 악보를 가지고 소프라노, 테너, 알토 등 파트를 나눠 합창 연습을 한다. 이 악보들은 2학년 음악 수업에서 공부하게 될 기본적인 이론 요소들을 포함하고 있다. 처음 합창 연습을 시작했을 땐 희랍어를 읽는 것만도 어려운데 노래를 부르라고 해서 뭔가 싫었는데 계속 연습하다 보니 재미가 붙었다. 특히나 합창은 파트별로 따로 연습하다가 함께 모여 다 같이 부를 때의 조화가 짜릿했고 그 맛에 열심히 했던 것 같다.

보통 1학년 음악 수업은 두 반이 같은 시간에 있다. 한 번 할 때 세 시간씩 수업을 하는데 한 시간 반은 각자 수업을 하고, 나머지 한 시간 반은 두 반이 함께 모여 합창 연습을 하는 식이었다. 이렇게 한 학기 연습을 하고 나면 학기가 끝나는 때쯤 콜레지움Collegium이라고 하는 학교 발표회 때 합창 공연을 한다. 또 가끔 학교에 특별한 인사가 방문하거나 하면 1학년들이 모여 합창을 하기도 했다.

아나폴리스 캠퍼스의 경우 대강당Great hall에서 수업을 진행하는데 홀의 한가운데서 신입생들이 코러스 수업을 하고 주변으로는 다른 교실들이 있어 선배들의 수업이 진행되거나 한다고 한다. 신입생들이 메인 홀에서 합창 연습을 하고 있으면 선배들이 수업 끝나고 교실에서 나와 위층 발코니에서 아래를 내려다보며 합창 연습을 구경하기도 하고, 같이 합창을 해주기도 한다고 한다. 또 신입생들이 공연을 할 때면 선배들이 다 와서 위층 발코니를 꽉 채우고 지켜봐주며 선후배 간의 의리를 다진다고도 한다. 이렇게 합창과 토론, 기본 이론이 합쳐진 1학년 음악 수업은 공부를 한다기보다는 함께 즐긴다는 느낌으로 가곤 했다.

### 악보를 분석하면서 음악 작품에 가까워지다

2학년이 되면 음악 수업이 조금 더 전문적으로 진행된다. 우선 처음에는 바로크 시대의 음악 이론가이자 작곡가인 요한 요제프 푹스가 쓴 《고전 대위법Gradus ad parnassum》이라는 책을 가지고 작곡 이론을 더 공부한다. 이 책은 어린 모차르트, 베토벤, 하이든이 작곡 입문서로 읽었다는 책이다. 이 책에 나오는 기법들을 이용해 스스로 작곡을 해보는 숙제를 하기도 한다. 그렇게 이론 공부를 간단히 하고 나면 본격적으로 바흐, 베토벤, 모차르트, 팔레스트리나, 스트라빈스키, 쇤베르크 등 거장들이 쓴 유명한 곡들을 듣고 분석하면서 우리가 배운 음악 이론을 작곡가들이 어떻게 썼는지에 대해 집중적으로 살펴보기 시작한다.

음악 수업 시간에는 이론을 공부하고 합창 연습을 한다.

튜터들에 따라 어떤 곡을 공부하게 되는지가 달라지는데 내 수업의 경우 바흐의 〈마태수난곡〉과 모차르트의 〈돈 조반니〉의 전곡을 듣고 함께 분석해보는 공부를 했다. 클라이맥스에서 어떤 악기들을 이용하는지, 어떤 목소리와 멜로디 혹은 화음을 이용하고 화합해서 긴장감을 만드는지, 돈 조반니의 바람기를 어떤 음들을 이용해 표현하는지 등을 듣고 생각해보는 신기한 경험이었다. 그렇게 몇 주에 걸쳐 긴 오페라 총보를 처음부터 끝까지 분석하면서 그동안 배운 이론적인 내용들과 비교해가며 작곡가들의 스타일에 대해서까지도 이야기를 나눠볼 수 있었던 새로운 느낌의 수업이다.

그 외에 내가 공부할 때는 없었는데 후배들 음악 수업부터 새롭게 생긴 것 중 하나가 학생들이 피아노곡을 한 곡씩 칠 수 있도록 1년간 연습을 하는 것이다. 수업 시간에 튜터가 학생들에게 피아노 치는 법을 가르쳐주는 건 아니고 학생들이 따로 시간을 내 피아노 연주 연습을 해야 한다. 잘 모르겠으면 음악 조교와 약속을 잡고 조교에게 피아노 치는 법을 배운 후 연습해 와 튜터 앞에서 한 곡씩 치는 식이라고 한다.

2학년 음악 수업은 초등학교 때 잠깐 피아노를 배운 적이 있을 뿐 음악에 대해 별로 아는 게 없었던 나에게는 새롭기도 했고 조금 어렵기도 했다. 특히 현대 작곡 방식이 아닌 고전 작곡 이론들을 익히고 그런 것들을 오페라 작품을 통해 찾아내는 과정 자체가 익숙지 않아 더 어렵게 느낀 것 같다. 그래도 오페라 악보들을 처음부터 끝까지 살펴보며 토론해볼 수 있었던 경험은 멀게만 느껴지던 역사 속의 작곡가 그리고 음악 작품에 조금 더 가깝게 다가갈 수 있는 소중한 시간이었다.

## 과정을 증명하고 설명하는 수학 수업

고등학교 때 나는 수학을 지지리도 못했다. 보통 시험은 오지선다로, 다섯 개 번호가 공정한 비율로 나와야 하기 때문에 한 번호로 찍으면 최소 20점은 나온다는 말을 들은 적이 있다. 하지만 내 수학 점수는 20점을 넘은 적이 별로 없었다. 20점도 못 넘는 내 성적을 보며 수학이 나를 싫어하나 보다 생각했고, 대학에 가면 수학에서 탈출할 수 있다는 긍정적 마인드를 발휘하며 고등학교 시절을 꿋꿋이 이겨냈다.

그런데 나는 세인트존스에 왔고, 수학은 나를 놓아주지 않았다. 4년 내내 수학 수업을 들을 수밖에 없다니, 울며 겨자 먹기로 1학년 첫 수학 수업에 들어갔던 기억이 난다. 하지만 세인트존스에서의 수학은 여태껏 알던 수학과는 달랐다. 수학 수업이 기다려졌고 매번 흥미로웠다. 진정한 공부란 이런 거구나 하는 생각이 처음으로 들었다.

다음은 세인트존스의 수학 수업에 관한 학교 측의 설명이다.

"수학은 인간의 지성을 윤택하게 하고 세상을 이해하는 데 있어 필수불가결한 부분이다. 수학 튜토리얼은 학생들이 자연의 본질, 수학의 목적, 정의와 원칙에서부터 필수적인 결론에 이르기까지의 체계적인 과정과 논증에 대한 통찰력을 키우기를 요구한다. 4년의 교육 과정 속에서 모든 학생은 순수수학, 수리물리학 그리고 천문학을 배우며 엄격한 사고와 조리 있게 설명하는 법을 발달시킨다. 학생들은 학교의 커리큘럼을 뛰어넘어 끊임없이 탐구할 수 있는 능력 또한 키운다. 이것이 바로 세인트존스가 학생들에게 바라는 것이다."

### 그리스 수학, 기하학 그리고 천문학

1학년 수학은 유클리드의 《기하학원론Stoicheia》으로 시작한다. 1학년 수학 수업의 첫날은 지금도 생생하게 기억난다. '유클리드? 그게 뭐야' 하면서 수업에 갔다. 그리고 1시간 15분 내내 유클리드의 23가지 정의와 5가지 공리, 공준을 가지고 토론했다. 어려워 보일지 모르지만 이런 토론이었다.

"유클리드의 정의 3번, 선의 양 끝은 점이다. 동의하니?" 과연 선의 양 끝이 점인지 아닌지에 대한 찬반 의견이 테이블 위를 오간다. 누군가는 동의하고 누군가는 동의하지 않고, 누구가는 모르겠다고 하고……. 아무것도 결정된 것 없이 다음의 정의 "직선은 점들이 쭉 곧게 늘어서 있는 것이다"로 넘어가는 식이었다. 아주 희한하다 못해 '이게 수학인가?' 싶었다. 공리, 공준에 대한 토론은 더했다. "같은 것에 같은 것은 서로 같다." "같은 것에서 같은 것을 더하면 서로 같다." "전체는 부분보다 크다." 이런 것들에 대한 토론이었는데 시간이 부족해 다음 수업에서까지 토론은 이어졌다. 말장난 같은 것들도 있고 별생각 없이 '그래, 그런 것 같아' 하고 넘어가는 것들도 있었다.

수학 수업. 칠판에 증명 과정이 적혀 있다. 원을 얼마나 예쁘게 그리는지 경쟁하기도 한다.

1학년 한 학기 동안 유클리드 기하학을 증명하면서 그리고 4학년 때 비非유클리드 기하학을 배우면서도 이 정의와 공리, 공준은 끊임없이 튀어나왔고 후에야 왜 이것들이 필요했는지 알게 되었다.

기하학뿐만 아니라 유클리드가 숫자에 대해 어떻게 생각했는지, 숫자와 매그니튜트magnitude 사이의 관계에 대해서는 어떤 의견을 가지고 있는지에 대해서도《기하학원론》을 통해 살펴본다.

이렇게 유클리드 공부는 가정을 입증해나가는 과정을 통해 학생들에게 명료한 논리적 증명proofs을 소개하는데, 우리는 이 증명 과정을 외워서 수업 시간에 친구들에게 설명해주는 식으로 공부했다. 그런데 정말 신기했다. 유클리드의《기하학원론》은 아무것도 모르는 초등학생이라도 어렵지 않게 받아들일 수 있는 공리, 공준과 정의에서 출발해 매우 복잡하고 어려운 정리들을 도출하고 증명해내기 때문이다. 이렇게 학생들은 1학년 1학기 동안 유클리드를 배우며 순수이성적 사고의 체계적 틀을 다진다.

1학년의 마지막 8주간은 프톨레마이오스의 《알마게스트Almagest》를 읽으며 해의 움직임에 대해 그가 어떤 생각을 했는지에 초점을 맞춘다. 프톨레마이오스는 유클리드로부터 얻은 기하학적 이해를 바탕으로 천체에 관한 새로운 탐구를 시작한다. 《알마게스트》를 통해 학생들은 '어떤 물체가 움직인다는 것은 무엇을 의미하는가' 같은, 앞으로 4년간 계속될 질문들을 하기 시작한다.

### 천문학, 원뿔 곡선, 현대 수학으로의 전환

2학년 수학 수업에선 전통 천문학과 수학의 두 가지 본질적 변화 과정에 대해 공부한다. 1학기 때는 프톨레마이오스의 행성 이론들에 대해 공부하고, 코페르니쿠스와 케플러의 프톨레마이오스 사상 개선안을 접하며, 천동설에서 지동설로 옮겨가는 과정을 배운다. 이 부분을 배울 때는 허겁지겁 따라가는 것만으로 벅차다 보니, 다 배우고 나서야 '지금 우리가 행성이 타원형 궤도를 그린다는 걸 배운 거야?' 하고 깨닫는 식이었다.

나머지 학기는 아폴로니오스의 원뿔곡선론을 공부하고 현대 수학의 기초라고 할 수 있는 데카르트의 기하학을 공부한다. 이 과정을 통해 학생들은 사물의 본질과 그것을 이해하려는 인간의 노력에 관한 데카르트 사상과 고대 사상의 차이점을 비교해보기도 한다.

2학년이 끝나기 전까지 해야 할 것이 하나 있는데 바로 대수학 시험 통과다. 3학년 때는 미적분을 배우기 때문에 학교에선 1, 2학년을 대상으로 대수학 시험을 보게 한다(꽤 자주 있고 주로 토요일 낮에 다이닝 홀에 모여서 시험을 본다). 1학년 때부터 시험을 보고 2학년까지는 시험을 통과해 기본 대수학 실력을 증명해야 한다. 미국 학생들 중에는 이 시험을 어려워하는 친구들도 있던데 한국 학생들에게는 정말 식은 죽 먹기다. 수학을 못하는 나 같은 학생도 쉽게 통과했다.

### 미적분학과 그 토대

3학년 수학 수업에서는 움직임의 연속성, 무한대와 무한소에 대한 끊임없는 질문들과 마주하게 된다. 이것들은 나중에 우리를 새로운 형태의 수학인 미적분학으로 이끈다. 3학년은 아르키메데스의 포물선의 구적법Quadrature of the parabola과 그 방법들을 살펴보며 시작한다. 적분의 초기 형태를 배우고 갈릴레오의 《새로운 두 과학Discourses and mathematical demonstrations concerning two new sciences》을 통해 그가 말한 포물선에 대해 읽는다. 파스칼의 삼각형, 라이프니츠와 베르누이를 통해 미분방정식, 계차법, 삼각법, 변곡점 등 미적분을 배우다가 우주의 역학 운동에 대대적인 관점을 불러온 뉴턴의 《프린키피아》로 넘어간다.

뉴턴은 1학기 후반부터 2학기 초반까지 거의 6주간 공부했는데, 1학년 때의 유클리드처럼 너무나 재미있었던 수업이었다. 물론 어렵다. (유클리드도 그렇고, 재미있다고 말은 하지만 어려운 건 기본이기 때문에 반복해서 말하지 않겠다.) 하지만 끙끙대면서도 하다 보면 수학이 이렇게 놀라운 거구나 감탄하게 된다. 특히 뉴턴을 공부하면서, 우주의 작용 원리를 유클리드부터 쌓아온 도형들과 기하학에 대한 지식으로

학교 기숙사 벽면에 수학 증명 과정이 낙서돼 있다.

알아낼 수 있다는 것을 배웠을 때는 정말 충격적이었다.

2학기부터 개인적인 사정으로 반이 바뀌어 새로운 수학 수업을 듣게 되었다. 이 수업은 당시 3학년 수학 튜터들 중에서도 깐깐하기로 유명한 젊고 똑똑한 튜터가 담당하는 수업이었다. 다른 수업들에선 학생들이 책을 보면서 증명해도 됐지만, 이 수업의 튜터는 우리가 증명 과정을 모조리 외워서 책을 보지 않고 발표하길 원했다. '어떻게 이 과정을 외워!' 하면서 매 수업 긴장되고 미친 듯이 어렵게 느껴졌지만, 신기하게도 더 자극이 됐고 재미있었다. 매번 수업을 들으러 갈 때마다 새로운 깨달음을 얻어 흥분의 미소를 띠고 교실을 나오곤 했다.

나머지 2학기는 무한의 개념에 집중한다. 테일러 정리와 오일러의 수 e를 배우고 데데킨트로 넘어간다. 《숫자 이론Essays on the theory of numbers》을 읽으며 숫자의 의미, 숫자의 연속성에 관한 체계를 배우고 학생들은 다시 무한대와 무한소의 본질에 대한 질문을 하게 된다. 데데킨트를 배우면서 0이 매력적인 숫자라는 것에 흥분하기도 하고, 한

편으론 태어나서 한 번도 깊이 생각해본 적 없는 '숫자'라는 개념에 대해 새롭게 생각해볼 수 있었다. 마지막으로 칸토어의 집합론, 초한수까지 간략하게 맛본다.

### 비유클리드 기하학, 상대성이론, 현대 수학의 쟁점들

1학년 땐 유클리드, 2학년 때는 데카르트, 3학년 때는 뉴턴이 있었다면, 4학년은 아인슈타인의 학년이다. 1학기에는 아인슈타인의 《상대성이론》과 《특수 상대성이론과 일반 상대성이론》을 읽고, 민코프스키의 《공간과 시간Space and time》을 발췌해서 읽으며 수학을 좀 더 긴밀하게 물리와 연결시킨다. 포물선을 가지고 시공간을 표현해보기도 하고 '보는 것은 생각하는 것의 한계인가?'라는 철학적 고민도 하면서 아인슈타인을 공부한다. 한국에서 고등학교 때까지 배운 수학과는 완전히 달랐다.

그렇게 4학년 때에는 3년간 배운 유클리드, 코페르니쿠스, 뉴턴이 아인슈타인과 연결되고 합쳐진다. 단순하지만 가장 중요한 기반이 되고 순수한 사고를 훈련하는 도형의 체계적 시스템에서 시작해서, 우주의 작동 원리로 연결됐다가, 시공간의 개념을 가져와 어느 순간 자연스럽게 그 유명한 $E=mc^2$를 증명하는 과정을 따라가는 공부를 한다. 아인슈타인이니, 시공간이니, 대단해 보이는데 배웠다기보다는 그 과정을 한 번 죽 따라가봤다고 하는 게 맞을 듯하다. 아무리 4년을 공부했어도 우리가 수업 시간에 배운 것들은 몇 시간 토론하고 넘어갈 수 있는 종류의 지식은 아니기 때문이다.

2학기 때는 로바쳅스키의 《평행선 학설에 관한 기하학적 연구

Geometrical researches on the theory of parallels》를 읽고, 1학년 첫 수학 시간에 배웠던 유클리드의 다섯 번째 공리의 모순에 대해 머리 아프게 고민하며 비유클리드 기하학에 집중한다. 학기가 끝날 즈음에는 튜터들이 여러 다양한 토픽을 선택한다. 어떤 반은 일반 상대성이론에 대해 더 공부하기도 하고 어떤 반은 민코프스키의 《공간과 시간》을 읽기도 한다. 아인슈타인의 〈기하학과 경험Geometry and Experience〉 또는 앨런 라이트먼의 《아인슈타인의 꿈Einstein's Dreams》을 읽기도 한다. 화이트헤드와 러셀의 《수학 원리Principia mathematica》, 괴델의 《불완전성 정리incompleteness theorems》를 발췌해서 읽으며 수학을 논리학적으로 바꾸는 과정과 공리론, 모순 등에 대해 고민하며 4년간의 수학 공부를 마친다.

## 실험을 통해 인간을 공부하는 과학 수업

### 옛 실험들을 그대로 재현하다

세미나가 세인트존스 커리큘럼의 장남이라면 과학 실험LAB과 수학은 쌍둥이 동생쯤 되겠다. 수학 수업이 인간의 순수이성을 사용해 우주와 인간을 공부하는 시간이라면, 과학 실험 수업은 실험과 경험을 통해 땅과 자연, 동물로서의 인간을 공부하는 시간이다.

과학 실험에 대한 세인트존스의 자부심은 꽤 큰 편이다. 수학은 시대순으로 중요한 업적과 연구들을 짜깁기한 매뉴얼로 공부했다면, 과학 실험은 그런 매뉴얼에 실험까지 더해지기 때문이다. 게다가 이 실험은 그 옛날 과학자들이 했던 연구와 실험을 그대로 재현해내는 게 대부분이다. 그래서 실험실에 가보면 정말 이상한 정체불명의 기구들이 아주 많다. 흡사 옛날 흑백영화 속 과학자들의 실험실에서나 볼 수 있을 것 같은 그런 실험 도구들이다.

과학 실험 수업은 14~16명의 학생들과 튜터, 한 명의 학생 조교가 함께한다. 일주일에 두 번 수업이 있고 그중 한 번의 수업은 실험을 해야 하기 때문에 세 시간짜리다. 다른 한 번은 토론을 위한 수업으로 1시간 25분 정도다.

학교는 학생들이 실험과 토론을 병행하게 함으로써 경험적 탐구와 비판적 통찰의 적절한 조화를 추구한다. 대부분의 경우 토론의 기본 내용은 고전 논문 또는 그 주제와 직접적인 관련이 있는 이론 텍스트다. 아리스토텔레스, 갈레노스, 하비, 하위헌스, 뉴턴, 라부아지에, 맥스웰, 조지프 톰슨, 러더퍼드, 보어 같은 학자들의 논문들이 일반적으로 사용된다. 과학 실험을 할 때 필요한 정보나 오리지널 텍스트에서 발췌한 것들로 엮인 매뉴얼은 세인트존스에서 직접 제작한다. 학교 측은 실험 수업에 대해 이렇게 설명하고 있다.

"300년 전, 데카르트에 의해 유럽에 대수학과 해석기하학이 소개된다. 이 일은 정치, 도덕, 종교 등 여러 분야에 있어서 역사상 가장 위대한 지적 혁명의 하나였다. 또한 인간의 자연, 문화적 가치를 재정의하고 변화시켰다. 그렇기 때문에 이 사건은 세인트존스 프로그램의 핵심이자 학교가 특별하게 강조하는 부분이다. 커리큘럼상 이 사건과 연관이 없는 것은 거의 없을 정도기 때문이다. 세인트존스 커리큘럼의 마지막 2년 과정(3, 4학년)은 이 사건에서부터 뻗어나간 우리 사회의 변화를 보여준다. 그리고 이 모든 것들은 첫 2년(1, 2학년) 때 배우는 호메로스 시기부터 데카르트 시기까지에 대한 이해가 없다면 불가능하다."

세인트존스의 3년 동안의 과학 실험의 가장 중요한 목적은 학생들이 과학의 중요성을 경험하고 이해하는 것이라고 한다. 대부분의 사

과학 실험 수업이 이루어지는 교실 모습. 사진 앞쪽의 책상에서 토론을 하고 뒤쪽에서 실험을 한다.

람들은 인문학이라고 하면 과학과 대조적인 것으로 분리해서 보는데, 세인트존스에서는 이 두 가지를 분리하지 않는다.

### 과학 실험 수업의 구조

과학 실험 프로그램은 과학 교육의 자유로움을 강조해 크게 세 가지를 집중적으로 고려한다.

1. 미리 예정된 실험들은 꼭 그 실험의 원리, 목적이나 도구들에 대한 자유로운 토론과 함께 진행되어야 한다.
2. 연구 내용은 학생들이 그 연구가 근본적으로 어떤 가정, 관찰, 원리에 의한 과학 교육인지 파악할 수 있는 것들로 선택되어야 한다. 따라서 어떤 주제의 한 요소나 실험이 이후에 이론을 증명하는 데 문제가 될 수도 있다는 것을 비판적 연구를 통해 구별해낼 수 있어야 한다.
3. 과학 실험은 즐겁게 행해져야 하지만 한편으로 또 철저하고 심화된 행위여야 한다. 학생들은 그들이 사용하는 실험 도구들에 대해서 그

리고 오류 분석 과정과 대안 방안 모색에 스스로가 만족할 수 있을 때까지 충분한 시간을 들일 필요가 있다. 또한 실험 전체를 전부 다시 할 수도 있다. 그렇게 해야만 그들은 정밀과학이라는 용어의 '정밀'이라는 뜻을 진정으로 이해할 수 있을 것이다.

세인트존스의 커리큘럼에서 과학 실험은 1, 3, 4학년 이렇게 3년간 배운다(2학년 때는 과학 실험 대신 음악 수업을 한다). 앞서 말했듯이 정말로 과학 실험은 수업 시간이 아닌 학생들의 자유 시간에도 벌어진다. 일주일 중 딱 하루, 전교생의 수업이 3시면 끝나는 수요일 오후에 과학 수업을 하는 건물 앞을 지나가다 보면 고양이를 해부하고 있는 학생들도 보이고 그 외 다른 실험을 하는 학생들도 종종 볼 수 있다. 학교가 그만큼 적극적으로 학생들이 스스로 실험을 해볼 수 있도록 지지해주는 것이다. 1990년대까지만 해도 과학 실험실은 매일 학생들에게 개방되었다고 한다. 하지만 이후 실험 도구 관리, 위험성 등의 문제가 자주 생겨 과학 실험실 개방 시간이 제한됐고 개방되는 날이 정해졌다.

그렇긴 하지만 튜터와 조교 학생은 수업 시간만으로는 충분한 실험이 이루어지지 않은 것 같으면 실험실이 열려 있는 시간에 와서 더 해보라고, 아니면 다시 해보라고 학생들에게 추천(?)한다. 뿐만 아니라 4학년 때는 8시간 간격으로 와서 계속 체크를 해줘야 하는 실험도 있어, 반 친구들과 팀을 이뤄 밤 12시에 그리고 아침 8시에도 실험실에 가서 체크를 해야만 했다. 이 얼마나 대단한 열정인가. 과학 실험을 좋아하는 과학도 조니들은 이런 학교의 시스템을 참 고마워했다.

신이 나서 실험실로 달려가고 수업 시간이 지났어도 계속 실험을 하고 있기도 했다. 하지만 이렇게나 과학 실험에 열광하는 조니들은 사실 소수다. 그래서 이런 친구들은 나중에 과학 실험 조교가 되는 경우가 많았다.

과학 실험 수업은 아쉽게도 내겐 정말 어려웠고 난해했다. 4년 내내 난 과학 실험에 대해서 불만을 한가득 달고 있었기 때문에 이 수업이 재미있었다고 말할 수가 없다. 세인트존스의 수업들이 자신의 적성이나 관심 분야 또는 성향과 맞으면 정말 재미있게 들을 수 있지만, 반면 그렇지 않으면 (내가 경험했던 것처럼 정말) 고통스러울 수 있다는 점을 말해두고 싶다.

### 삶과 자연을 어떻게 이해할 것인가

1학년은 자연nature을, 살아 있는 생물을 연구하면서 시작된다. '생물학을 배우기 위해서'라기보다는 '어떻게' 삶과 자연에 대해 이해해야 하는지에 대해 탐구하기 위해서다. 아리스토텔레스의 《동물부분론On the parts of animals》의 일부분을 읽으며 1학년 첫 수업의 토론을 시작해서 12주 동안 종type의 구별, 해부 구조, 세포 집합과 분화, 그리고 발생학의 발달embryological development까지 관측 생물학의 화제들에 대해 연구한다.

쉽게 말하자면 우리는 수업 첫날부터 주변 산으로 하이킹을 가서 꽃잎, 나뭇잎 등을 하나 정해서 주의 깊게 관찰하고 스케치하고 표본을 채취해왔다. 그 표본들로 꽃을 해부하고, 그것들을 비교하고 분류해서 차트로 만들어 종의 구별에 대한 발표를 했다.

과학 실험 수업의 모습. 세인트존스는 철학, 문학만 공부하는 학교라는 이미지가 강하지만 과학 수업에 대한 세인트존스의 자부심은 꽤 큰 편이다.

그 후에는 거의 3주 정도 식물이 아닌 동물, 고양이 해부를 시작한다. 흔하게 길에서도 볼 수 있는 그런 큰 고양이들이 굳은 채 해부 용액이 든 봉지 안에 담겨 있는 걸 보는데 정말 충격적이었다. 더군다나 나와 같이 해부를 하게 된 파트너가 욕심이 많은 친구여서 경쟁자들을 제치고 우리 조가 임신한 고양이의 자궁 해부를 맡게 됐다. 그래도 이왕 하는 거 열심히 해야 죽은 고양이한테라도 덜 미안하겠다 싶어서 열심히 자궁을 살펴보았다.

그렇게 1학년들이 1학기 초에 이 고양이 해부를 시작하면 온 과학 수업 건물이 지독한 해부 용액 냄새로 진동한다. 그러고 나면 양 심장을 해부하며 심장이 어떻게 작동되는지, 피가 어떻게 흐르는지에 대한 공부한다. 하비의 《동물의 심장과 혈액의 운동에 관하여On the motion of the heart and blood in animals》를 읽는 것도 이때다. 그 후 아리스토텔레스의 《동물발생론On the Generation of Animals》과 《동물사History of Animals》의 발췌문을 읽으며 닭 배아를 관찰하기도 한다. 그렇게 1학년 1학기 절반쯤은 동식물의 생명과 그 작동 원리 등에 대한 공부가 대부분이다.

생물과 자연 현상들을 살펴보고 나면 수업은 조금 더 새로운 각도에서 보기 위해 물리적 현상들로 넘어간다. 즉, 측정을 통한 수학화, 수식화다. 이 공부는 2학기에 하게 될 물질의 원자 이론의 발달과도 관련이 있다. 중력과 정적평형에 대해 토론해보며 아르키메데스의 《평면의 평형에 대하여On the Equilibrium of Planes》와 《부유하는 물체에 대하여On Floating Bodies》 발췌문을 읽는다. 아르키메데스가 "유레카!"를 외친 그 유명한 왕관 문제를 공부하고 기체와 액체의 평형 법칙, 기체의 무게에 대해 연구해보고 보일의 법칙에 대해 공부하며 1학기를 마무리한다.

2학기 과학 실험은 무기체로 시선을 돌리며 물질의 원자 이론까지 가는 발달 과정에 집중한다. 블랙의 열량계와 잠열latent heat에 대해 실험을 하고 18세기 학자들을 사로잡았던 가설, 플로지스톤설에 대해 공부한다. 그러고 나면 플로지스톤설을 부정한 라부아지에의 근대적 연소 이론을 배우고 실험을 해본다. 그렇게 라부아지에, 베르톨레, 프루스트까지 읽으면서 질량보존의 법칙, 일정성분비의 법칙들을 가지고 화합물에 대해 공부를 하고 원자설의 토대를 쌓는다.

그 후 수업은 돌턴에서 시작해, 조지프 톰슨, 게이뤼삭, 아보가드로 순으로 이어지면서 과학자들이 서로의 이론에 반박해 새로운 이론을 내고 마침내 분자설에 이르기까지의 과정을 따라간다. 원자의 무게를 어떻게 알아내는지에 대한 문제를 풀고 그에 따른 결과들에 대한 실험을 해보면서 칸니차로의 증명 과정을 살펴보다가, 멘델레예프의 주기율표와 함께 1학년은 막을 내린다. 즉 1학년 1학기 때는 생물, 2

학기 때는 약간의 물리와 화학을 배우는 셈이다.

다시 말하지만 나는 과학 실험이 참 어려웠다. 고양이를 해부하고 '생명이란 무엇인가'에 대한 에세이를 쓰는 생물 수업은 재미있었지만 화학에 들어가면서부터 너무 막연해졌기 때문이다. 또 수업은 하나의 주제에 집중되어 있는데 전문 지식도 없는 상태에서 원전의 일부분만을 읽으며 공부하려니 더 힘들었다. 가장 힘들었던 점은 역사가 흘러감에 따라 기존의 이론에 반박하는 새로운 이론이 계속해서 나타난다는 것이었다. 일부분만 읽어서인지 과학의 발전 과정을 따라가는 것이 여간 힘든 일이 아니었다.

이런 과정은 1학년에서뿐만 아니라 3, 4학년 과학 실험을 배우는 내내 계속됐는데 나는 그 실험을 왜 하는지조차도 알아내려면 시간이 엄청 오래 걸렸고 그 실험 과정을 이해하는 데도 오래 걸렸기 때문에 정말 고난의 연속이었다. 게다가 친숙하지 않은 과학 용어들, 실험 용어들은 더욱더 나를 좌절시켰다.

하지만 과학 실험에서뿐만 아니라 수학이나 철학 영역에서도, 사실 이렇게 말하는 것조차 웃기지만, 인간의 모든 삶의 영역에도 발전 과정은 존재한다. 역사는 계속 오류를 뱉어내고 그 오류가 수정되고 발전하기를 끊임없이 반복하기 때문이다. 세인트존스에서 배우는 건 어떻게 보면 그 역사의 과정이기 때문에 정답이 없어서 더 힘든 건지도 모르겠다.

### 물체의 움직임과 광학, 머리가 터지거나 포기하거나

3학년은 떨어지는 물체나 충돌하는 물체 등 다양한 추진 운동에 관한 실험들을 하며 시작된다. 그 후에는 전기와 자기를 탐구하다가 빛의 파동 현상을 수학적으로 적용하는 분석을 통해 학생들은 다시 광학으로 돌아오게 되고, 물체의 움직임과 광학의 놀라운 연관성에 대해 생각해본다.

1학기인 가을 학기에 주로 연구하는 것은 움직임motion이다. 학생들은 움직임의 성질과 원인에 대해 생각해본다. 수업은 갈릴레오의 《새로운 두 과학》, 하위헌스의 《부딪히는 물체에 대한 하위헌스의 가설과 명제들The motions of colliding bodies》을 읽으며 시작해 그동안의 아리스토텔레스적 인과 개념을 대체하기 시작한다. 뉴턴의 《프린키피아》를 읽으며 운동의 법칙을 공부하고, 라이프니츠의 역학에 관한 에세이, 마이어의 에너지와 일에 대한 에세이를 읽는다. 1학기 마지막 즈음에는 뉴턴의 광학을 시작으로 프랭클린, 길버트, 앙페르, 쿨롱의 연구들을 살펴보며 물체의 역학과 빛의 파동 두 개념을 연결시키기 위해 머리를 싸매고 고민한다. 후에 역학에서 배운 개념들은 빛 대체 이론(입자와 파동)을 형성하는 데 사용될 뿐만 아니라 이 입자, 파동 이론은 광학 현상을 설명할 수 있게 된다.

2학기, 봄 학기는 전기에서 자기로 옮겨간다. 옴의 법칙Ohm's Law에서 시작해 패러데이가 등장하는데, 거의 3주간 패러데이를 집중 탐구하며 전자기 유도와 전기 분해 법칙들에 관한 실험들과 패러데이 새장 실험을 해본다. 이렇게 실험들을 그대로 재현할 뿐만 아니라 이런 실험들을 학생들이 스스로의 방법으로 디자인해서 시행해보기도 한다. 패러데이는 맥스웰 방정식이 탄생하는 데 큰 역할을 했기 때문에 패러데이를 공부한 후에는 자연스럽게 맥스웰로 넘어간다.

맥스웰이 전기장과 자기장의 관계를 네 개의 방정식으로 나타내는 과정을 따라가고, 후에는 전기와 자기를 통합해 빛이 자기적 현상임을 밝혀내 나중에 아인슈타인이 상대성이론을 발표하는 데 도움이 되는 그 유명한 이론, '빛의 전자기 이론 도출derivation of an electromagnetic theory of light'을 공부하게 된다. 3학년 과학 실험과 수학은 많이 상호작용을 하는데, 맥스웰에 들어가면서부터 학생들은 본격적으로 수학 튜토리얼에서 배우는 대수학의 개념들을 물리의 수학적 도구로 사용하게 되기 때문이다.

그렇게 3학년 과학 실험은 대부분 고전 물리의 분리 형태라고 할 수 있는 역학, 광학, 전자기 같은 주제들을 다룬다. 뭐니 뭐니 해도 과학도 조니들이 제일 열광하고 재미있어 한 부분은 패러데이와 맥스웰인데, 과학 낙오자라고 할 수 있는 내 입장에서는 세인트존스 커리큘럼 중 제일 심각하게 힘들었던 부분이었다. 최고의 실험주의 물리학자라는 이름에 걸맞게 패러데이를 배울 때는 우리 역시 다양한 실험을 많이 했는데 나는 우리가 뭘 하고 있는지조차 감을 잡기 힘들었고 새로운 개념들과 용어들이 넘쳐나서 혼란스럽기만 했다.

패러데이에서 혼돈을 겪은 후 맥스웰의 '네 개의 방정식'을 (현대적 방법이 아닌 당시의 고전적 방법으로) 도출할 때에 이르러서는 정말 어려워서 미치는 줄 알았다. 아무리 생각해도 내 능력 밖이라 맥스웰을 공부할 때는 꼼수를 발휘해 과학을 잘하는 한국 후배에게 SOS를 청했다. 예습한다 치고 그 친구가 공부를 해 나에게 특강을 해줬는데도 정말 힘들었다. 그나마 이렇게 힘들어한 사람이 나 혼자가 아니었다는 것, 내용이 워낙 어려워 외국인 학생들은 물론 대부분의 미국 학생들 역시 패닉 상태였다는 것이 위안이었다.

그래서 3학년은 세인트존스 커리큘럼 중 제일 힘들다는 마의 학년이기도 하다. 과학 실험에서는 맥스웰, 수학에서는 뉴턴, 세미나에서는 칸트까지 동시에 배우는 탓에 머리가 터지거나 아니면 모든 것을 놓아버리는 상태에 이르기 때문이다.

### 다시, 자연을 어떻게 이해할 것인가

여러 면에 있어서 4학년 과학 실험 수업은 학생들이 1학년 때 고민했던 질문들로 돌아가게 만든다. 4학년 1학기는 원자론을 새롭게 공부하며 시간을 보내는데 이번에는 원자 그 자체가 공부의 핵심 요소다. 1학년 때 배운 돌턴의 원자론 가정 중 하나를 깨뜨린 조지프 톰슨의 건포도 푸딩 모형, 러더퍼드의 알파 입자 산란 실험을 배우고 양자역학의 시작이라고 할 수 있는 플랑크의 흑체복사와 그의 양자 가설을 살펴본다. 아인슈타인의 광전효과, 보어의 획기적인 양자 가설을 공부하면서 드브로이의 전자 파동 이론, 슈뢰딩거의 파동 역학, 확률 파동 함수를 살펴보다가 슈뢰딩거의 고양이 실험을 하게 된다.

그렇게 역사적 과학 논문들과 실험들을 순차별로 살펴보면서 학생들은 입자와 파동의 개념, 불연속성과 연속성의 개념들을 새롭게 해석한다. 이 과정들을 통해 학생들은 물리를 공부하면서 알 수 있는 것은 무엇이고 알 수 없는 것은 무엇인지에 대해 직접적으로 질문하게 되고 자연 세계에 대한 더 깊은 이해를 할 수 있게 된다.

4학년 2학기, 봄 학기 과학 실험은 1학년 때 시작했던 것처럼 생물에 대해 연구하며 끝이 난다. 학생들은 마침내 현대의 진화, 유전학에 대한 논쟁, 증거들과 마주하게 된다. 다윈의 《종의 기원On the origin of species》을 읽으며 자연선택 진화론에 의한 그의 흥미로운 주장과 근거들을 살펴보고 난 후, 멘델의 완두콩의 유전적 특성에 대해 공부한다.

유전학과 관련해 4학년 2학기 때는 초파리 연구가 과학 실험의 많은 부분을 차지하는데 이 연구가 바로 8시간마다 확인을 해야 했던 그 실험이다. 다른 종의 초파리를 교배시키면 어떤 종이 태어나게 되는지 그 과정을 계속 반복하고 데이터를 만들어 분석한다.

4학년이 끝나갈 즈음에는 슈뢰딩거의 《생명이란 무엇인가?What is life?》를 읽으며 그의 양자역학, 생명, 유전자에 관한 통찰을 엿본다. 그렇게 학생들은 진화와 유전의 합성뿐 아니라 세포, 분자 생물학 그리고 20세기에 급성장한 생태학 또한 탐구한다. 이 공부들은 과연 자연에 어떤 의미가 있는지, 자연종은 정말 있는지, 생물과 무생물의 차이는 무엇인지, 유기체는 완전한 존재인지, 만약 그렇다면 생물로서 인간의 책임은 무엇인지에 대해서까지 생각해볼 만한 중요한 질문들을 던진다.

과학 실험 수업은 나에게 조금 어려운 도전이었고 솔직히 잘해내지 못한 듯해서 아쉽기도 하다. 그래도 내가 그동안 별로 관심이 없었던 자연현상들에 대해, 동물로서 바라본 인간에 대해 그리고 우리 인간의 한계에 대해서까지도 이렇게 치열하게 고민하고 연구한 많은 과학자들이 있었다는 걸 배울 수 있었다. 게다가 전혀 다른 분야라고 생각했던 이런 과학적 질문들이 철학과 맞물리는 과정들을 살펴보는 게 신기했다. 결국에는 모든 게 다 인간으로부터 나온다는 것을 깨달기도 하고 새로운 시점에서 과학을 생각해볼 수 있는 의미 있는 시간이었다.

# 다른 공부, 깊이 있는 공부

### 금요일마다 열리는 색다른 수업

지금까지 이야기한 커리큘럼은 학생들이 모든 배움의 과정에 있어서 적극적으로 참여해야만 했다. 하지만 매주 금요일 저녁에는 조금 다른 배움의 기회가 있다. 바로 '총장이 추천하는 강의와 콘서트 시리즈Dean's lecture and concert series'가 그것이다. 학생들이 의무로 들어야 하는 수업이 아니라 세인트존스 커뮤니티 모두에게 열린 '강의'다. 토론 수업과는 다르게 학생이 차분하고 꾸준히 경청할 수 있는 기회를 만들어준다.

강의의 주제는 세미나와 튜토리얼에서 배우는 책들과 밀접한 연관이 있을 때도 있고, 학생들이 익숙하지 않았던 분야(문화인류학, 우주과학, 미학, 건축학 등)일 때도 있어 새로운 정보를 얻을 수 있는 기회를 주기도 한다. 강연자로는 학계나 공공 분야의 인사, 예술가, 시인이나 음악가 등 다양한 사람들이 초청된다. 강의 대신 콘서트가 열리기도 하며, 주제에 따라 세인트존스 튜터들이 강의를 하는 경우도 많다.

아무리 강의라지만 세인트존스의 수업인 만큼 토론도 빠질 수 없다. 강의가 끝나면 학생들과 강의에 참여한 다른 교수들, 커뮤니티 멤버들이 함께 강의를 들으며 궁금했던 점을 질문하는 질의응답이 이어진다. 질의응답은 종종 세미나 수업처럼 바뀌기도 한다.

이런 금요일 공식 강의는 두 가지 목적을 가지고 있다. 학생들이 경청하는 습관을 기르고, 자신들이 익숙하지 않은 주제에 대한 강연을 이해하는 능력을 기르는 것이다. 또 강의 후에 있는 질의응답 시간은 학생들이 배운 변증법적 토론 기술을 교실 안에서와는 전혀 다른 환경에서 연습하는 기회를 주기도 한다.

이 강의는 이미 언급했듯이 의무 수업이 아니기 때문에 원하는 학생들만 참여한다. 일주일간 공부하느라 고생했으니 뜨거운 금요일을 보내기 위해 그냥 친구들끼리 어울려 노는 학생들이 있는가 하면, 금요일 강의까지 꾸준히 듣는 학생들도 있다. 나는 학교 수업만으로도 지쳤기 때문에, 특별히 흥미 있는 주제에 대한 강연을 할 때나 음악 콘서트를 할 때, 외부 강사에 흥미가 있을 때만 골라서 들으러 갔다. 특히 이미 세미나에서 다뤘던 내용 또는 앞으로 수업에서 다룰 책이나 주제에 관한 강연을 들으면 전문가들의 의견을 강의 형태라는 새로운 방식으로 배울 수 있다는 점이 좋았다.

## 깊이 있는 공부를 위한 대학원 프로그램

세인트존스의 대학원Graduate school 교육은 1967년에 산타페 캠퍼스에 처음으로 만들어졌고 여름 프로그램에서 시작됐다. 하지만 그 후 규모가 점점 커졌고 현재는 산타페와 아나폴리스, 두 캠퍼스 모두에서 인문학(교양학) 석사학위Master of Arts in Liberal Arts 과정으로 진행되고 있다. ('리버럴 아츠'를 한국말로 어떻게 해석하느냐에 대해 말이 많다. 인문학이라고 할 수 있을 것 같은데, 한국에서 인문학은 수학과 자연과학을 제외한 단어처럼 느껴지기 때문에 교양학 혹은 자유학문이라고도 번역한다. 특히 세인트존스에서는 수학과 과학 수업 또한 중요하게 다루어지는 만큼 자유학문이 가장 적절하게 느껴진다.) 대학원생들은 서양 사상의 기반이 된 고전들을 읽으며 인간에 대한 질문들을 끊임없이 던지고 깊이 있는 탐구를 한다. 세인트존스의 석사학위 프로그램은 미국 북중부 및 중부 지역 대학협의회The North Central and the Middle States Associations of College and Secondary Schools의 인가를 받았다.

대학원 프로그램은 5개의 과목으로 나뉘어져 있다. 철학과 신학, 정치와 사회, 문학, 수학과 자연과학 그리고 역사다. 이 다섯 과목 중 4개를 수료한 학생들이 석사학위를 받는다. 수업은 학부 과정처럼 학생들과 튜터가 함께 교실 안팎에서 책에 대해 토론하며 지성을 교류하는 식으로 진행된다. 가을과 봄 학기(16주)에 최소 두 과목을 배우고, 보통 2~4개 과목의 수업이 8주간의 여름 학기 동안 이루어진다. 가을과 봄 학기 중에는 일주일에 두 번, 늦은 오후와 저녁에만 수업을 하기 때문에 일과 함께 병행할 수 있다. 여름 학기에는 수업이 두 배 많아진다. 일주일에 5일 수업이 있고 오전부터 수업이 시작된다(각각 캠퍼스에 따라 다소 차이가 있을 수 있다). 시작 학기가 다르더라도 수업이 가능한 커리큘럼이기 때문에 학생들은 봄, 여름, 가을 세 학기 중 아무 학기에나 입학이 가능하다. 최소 두 학기를 마친 학생들만 선택 석사 논문을 쓸 수 있다. 매 학기 대략 60~80명의 학생들이 등록을 하고 수업을 받는다고 한다.

산타페 캠퍼스에는 동양학 석사학위Master of arts in easter classics(이하 EC)가 따로 있다. EC는 3학기제로 가을 학기에 시작해 다음 여름 학기까지, 1년 안에 끝낼 수 있게 설계되었다. 이 학부 과정 프로그램은 동양(특히 인도, 중국, 일본) 사상을 빼놓고는 서양 사상과 작품 역시 이야기할 수 없다는 걸 인식하고 만들어졌다. 그래서 EC 수업에서는 인도, 중국, 일본의 철학적, 종교적, 문학적 사상들이 담긴 책들을 읽는다.

학생들은 공자, 노자, 장자뿐 아니라 맹자, 순자, 한비자, 묵자의 사상을 읽고 토론하며, 《춘추좌씨전春秋左氏傳》과 사마천의 《사기史記》를 읽는다. 이후 사상인 성리학에 관해서 읽고 《서유기西遊記》, 《삼국지三國志》 그리고 중국의 위대한 시인인 이백, 왕유, 두보의 시들도 읽는다. 그 외에는 힌두교에서 나온 책들도 읽으며 소승불교, 대승불교, 선종불교에 대해서 배운다. 뿐만 아니라 고대 인도의 대서사시인 《마하바라다摩訶波羅多》, 《샤쿤탈라śakuntala》, 일본 고전 문학인 《겐지 이야기源氏物語》를 읽기도 한다. 또한 EC 학생들은 산스크리트어나 고대 중국어 중 하나를 선택해 배워야 한다.

# 5

# 영어로 하는 세인트존스의 독서, 토론, 작문

세인트존스의 커리큘럼은

인류가 지금 직면해 있고

계속해서 직면해야 하는 근본적인 문제를

학생들이 이해하도록 돕기 위해 노력한다.

## 영어 말고 소통을

### 포기하지 않고 소통하려는 노력

난 영어를 못했다. 다른 한국인 친구들보다 문법도 어휘도 많이 부족했다. 노력은 하는데 잘하지는 못하는 안타까운 유형의 학생이었다. 그런데 언제부턴가 학생들로부터, 학부모들로부터 영어에 대한 문의가 오기 시작했다. "영어 공부 어떻게 하면 좋을까요?" 그들의 고민을 들으며 나도 고민했다. 내가 영어에 대해 어떤 말을 할 수 있을까? 내가 공부법을 말해줄 수 있을까? 내가 어떤 조언을 해줄 수 있을까? 사실 공부법에 대해서는, 영어 시험 점수를 잘 받는 방법에 대해서는 내가 해줄 수 있는 말이 별로 없다. 하지만 영어를 공부하는 법이 아니라 영어라는 '언어를 어떻게 다루는지'에 대해서라면 해줄 수 있는 말이 있을 것 같다. 세인트존스를 다니며 4년간 영어라는 언어를 대하면서 많은 시행착오를 겪었기 때문이다.

영어를 잘한다는 건 무엇인가. 우리는 "이 친구 영어 잘한다"라는 말을 언제 쓸까? 물론 토익, 토플 등 공인시험 점수가 높으면 영어를 잘할 확률이 높다. 기본이 쌓여 있다는 뜻이기 때문이다. 하지만 그렇다고 토익 900점대의 모든 사람이 다 영어를 잘한다고 할 수는 없다. 그렇다면 언제 "이 친구는 진짜로 영어 잘해."라고 말하는 걸까? 의외로 답은 간단하다. 그냥 그 친구가 나보다 잘하면 잘하는 거다. 내가 표현하지 못하는 걸 그 친구는 표현할 수 있다면 (나보다) 잘하는 것이다. 그럼 어떻게 하면 그 '영어를 진짜로 잘하는 사람'이 될 수 있을까? 내가 어떤 말이 하고 싶은데, 그 말을 영어로 할 수 있다면 나는 영어를 잘하는 사람이 되는 것이다. 즉, 영어로 '소통'할 수 있다면, 그 사람은 영어를 잘한다고 생각할 수 있다.

왜 이런 이야기를 하느냐 하면, 영어를 잘하기 위해서는 단순히 영어 공부를 열심히 하는 것보다 언어로서의 영어를 어떻게 대할 것이냐가 중요하기 때문이다. 이때 가장 중요한 점이 '포기하지 않고 소통하려는 노력'이다.

### 대화의 흐름 속에 나를 놓아두기

처음 세인트존스에 입학했을 때, 그리고 첫 수업을 마친 후 겪었던 패닉은 아직도 생생하다. 두 시간의 토론 수업 동안 정말 거짓말 안 하고 처음부터 끝까지 아무것도 들리지 않았다. 열정의 불길에 휩싸여 시간 가는 줄 모르고 첫 수업을 하던 미국 친구들과는 달리, 나는 시종일관 아무것도 들리지 않는 상태로 두 시간을 보냈다.

교실을 나오며 "수업 어땠어?"라고 의견을 묻는 친구에게 "이해가 안 가."라고 대답했다. 그러자 친구는 "그래? 어떤 부분이?"라고 다시 물었고, 나는 속으로 외쳤다. '처음부터 끝까지, 다! 하! 나! 도! 못 알아들었어. 이 말 빠른 미국인들아!'

세인트존스에 입학할 때의 나는, 발표를 하기는커녕 토론 수업 내용을 따라가는 것도 거의 불가능했다. 뭐라도 말하고 싶다고 마음이라도 먹은 날은 열심히 머릿속으로 영어 문장을 만들고 속으로 연습하고 또 연습했다. 그렇게 가까스로 입 밖에 꺼낸 말도, 자신 없이 우물거려 몇 번이고 다시 말해야 했다.

부끄러웠다. 나도 하고 싶은 말이 많은데, 책을 읽고 든 생각들이 많은데 아무 말도 못하고 있으니 별생각 없는 사람이 된 느낌이었다. 그래서 튜터들에게 도움을 청했다. 튜터들과 미팅을 잡고 수업 시간에 내가 어떻게 하고 있는지에 관한 상담을 꾸준히 했다. 그렇게 튜터들을 만나면 그때마다 나는 항상 내 온갖 문제점을 설명하느라 바빴다. "토론 흐름은 너무 빠르고, 그래서 이해를 못 할 때도 많고, 이해가 가면 나도 이런저런 의견이 있고 말을 하고 싶은데 그걸 말할까 말까 열심히 고민하고 있다 보면 또 어느새 주제가 바뀌어버리고, 그래서 말을 못 하겠어요!" 하지만 지금 생각해보니 당시 우왕좌왕하며 여러 문제에서 허우적대던 나에게 튜터들은 하나같이 똑같은 조언을 해주었다. 그건 바로 토론을 멈추라는 것이었다.

내 의견을 제시하는 건 나중의 문제였다. 우선 제일 중요하게 익혀야 할 토론의 기본은 나를 '표현'하는 것이 아니라 토론장 속에 나를 '존재'하게 하는 것이었다.

어떤 부분이 이해가 안 되면 왜 그런지 질문하고, 어떤 친구의 의견이 명료하지 않다면 다시 정리해보는 것. 그것이 핵심이었다. 열정적인 논의가 오가던 토론의 흐름은 그렇게 함으로써 뚝 끊기겠지만, 그럼에도 이건 중요한 역할을 한다. 나라는 존재가 토론의 흐름 안에 있을 수 있고, 토론자들이 모두 함께 한 발 뒤로 물러나 다시 생각하고 정리해보는 시간을 가질 수 있기 때문이다. 이 역할은 어떤 토론에서든 유용하지만, 특히 나 같은 외국인 입장에선 영어 토론을 따라가는 데 아주 큰 도움이 되었다.

대화를 멈추고 질문하기. 그렇게 함으로써 대화의 흐름 속에 나를 존재하게 하는 것. 이것이 바로 영어 대화와 토론을 잘하는 첫 단계다. 그렇게 대화의 흐름 속에 나를 놓아두면 절반은 성공이다. 토론하는 이들의 말을 듣고, 이해할 수 있다는 말이기 때문이다. 하지만 그 다음으로 더 큰 관문이 있었으니, 바로 나를 주체로 만드는 과정이다.

### 목적이 아닌 수단으로의 영어

읽어온 책 또는 어떤 특정한 주제에 대한 토론이든, 아니면 심지어 토론이 아니라 일상생활에서 하는 일반적인 대화든 그 안에서 많은 다른 사람들의 의견이 오고 간다. 이때 외국인 학생으로서 주의해야 할 점은 내가 영어로 토론을 하고 있다고 해서 기뻐하며 모든 말을 그대로 받아들여서는 안 된다는 것이다.

슬프게도 내가 그랬다. 1학년 때 나는, 사실 첫 단계인 대화의 흐름 속에 나를 놔두며 다른 사람들의 의견을 듣고 이해하는 것만으로도 바빴다. 매일같이 영어와 씨름하며 시간을 보냈더니 언젠가부터 힘을 좀 덜 들이고도 친구들의 말을 이해할 수 있게 됐다. 그때부터는 한 단계 더 나아가서 내 생각과 의견을 성장시켜가야 할 때였다. 그런데 나는 그 자리에 멈춰버렸다.

나는 친구들이 하는 말을 이해했다는 기쁨에 젖어 그들의 모든 의견들을 무조건 받아들였던 것이다. 이 무조건적인 수용은 내가 영어에 자신이 없었기 때문에 '얘들은 원어민이니까 책 내용도 나보다 더 잘 이해했을 테고, 따라서 얘들이 하는 말이 다 맞을 거야. 나보다 다들 잘 아니까'라고 생각하게 되면서 생긴 습관이었다.

하지만 이건 정말 위험한 태도다. 영어 실력은 나보다 나은 원어민 친구들에게 의존할 수도 있지만, 내 생각과 사고방식마저 그들에게 의존하면 나란 존재는 한없이 작아질 뿐만 아니라 나중에는 이리저리 휩쓸려 다니기 십상이다. 그렇기 때문에 세인트존스에서 4년간 훈련한 것이 그리고 아직도 연습 중인 부분이 바로 나를 표현하는 법이다. 나 자신을 믿고, 주관을 길러내고, 생각을 발전시키고, 그걸 적절한 매너와 함께 표현하는 것이 토론 그리고 소통을 잘하기 위한 핵심이다. 그리고 그것이 영어를 공부하는 이유 아닐까.

영어를 잘한다는 것은 '영어로 원활하게 소통할 수 있다'는 뜻이고, 토론은 한 단계 높은 차원의 소통이다. 그래서 토론을 잘한다는 것은 소통을 잘한다는 뜻이고, 소통을 잘할 줄 알면, 영어를 잘하게 되는 것은 시간 문제다. 영어 그 자체는 기술적인 문제일 뿐이고 영어는 더 많은 세상 사람들과 소통하기 위한 '수단'일 뿐이기 때문이다.

### 솔직하게 질문하기

세인트존스에 처음 왔을 때 나는 다른 외국인 학생들의 영어 실력과 비교해도 하위권이었다. 하지만 토론 수업을 통해 (제2외국어라는 한계가 있더라도 내 능력 안에서) 포기하지 않고 내가 생각하는 것을 표현하고 설명하려고 노력했다. 이제는 어려운 주제로 이야기하고 있어도 이해가 안 되면 솔직하게 질문하고 흐름을 늦출 수 있게 됐다.

그런 소통의 태도가 습관이 되고 나니 친구들과 영어로 대화하는 것이 점점 어렵지 않게 되었다. 대화하는 중에 이해가 안 되는 것은 대개가 문화적인 요소를 모르기 때문인 경우가 많았는데, 그럴 때마다 그 부분이 무엇인지 질문했고 설명을 부탁했다. 그럼으로써 하나둘 문화적인 부분들에 대한 지식까지 쌓아갔고 점점 친구들과 대화할 때 대화를 중단시키고 질문하는 상황이 줄어들기 시작했다. 그 외에 원어민들이 많이 쓰는 문장들을 주의 깊게 관찰해 따라 말하며 내 것으로 만들었고, 내가 사용하는 문법이나 단어가 틀린 경우에 지적해달라고 친구들에게 부탁했다.

그럼에도 사실 아직도 내 영어는 많이 부족하다. 맨날 문법을 틀리고 쉬운 단어들을 쓴다. 하지만 크게 욕심 부리지 않는다. 꾸준히 그 문화를 접하고 스스로 연습하면서 끊임없이 노력해야겠지만 나는 미국에서 태어나 자란 것도 아니고 몇 년 만에 완벽하게 한 언어를 구사할 수 없다는 걸 알고 있기 때문이다. 하지만 어떤 상황이 오든 그 흐름에서 물러나지 않고 언제든지 흐름을 내 쪽으로 끌어올 수 있으며 내 생각을 표현할 수 있다는 자신감을 만들었다.

높은 시험 성적을 얻기 위해서 영어를 공부하고 있다면 내가 강조하는 '포기하지 않고 소통하는 노력'이 전혀 필요 없을 수 있다. 우선 문법과 단어를 달달 외우는 것이 더 중요할 것이다. 하지만 지금 당장은 시험 성적을 위해서 영어를 공부하더라도, 만약 '영어 그 자체를 잘하고 싶다'는 욕심까지 있다면 이 사실을 꼭 기억해줬으면 한다. 영어는 언어일 뿐이고, 언어를 배우는 데 가장 중요한 것은 '소통'

친구들과 모여서 책에 대한 이야기를 나누는 것은 영어를 공부하고 토론을 따라가는 데 큰 도움이 되었다.

이다. 언어의 장벽에 부딪히더라도 포기하지 않고 소통하고자 하는 욕심을 부리다 보면 어느새 영어 실력이 늘어 있을 것이다.

그럼 이제부터 본격적으로 어떻게 허접한 영어 실력으로 세인트존스에서 고전을 읽고, 토론을 하고, 그 모든 것들을 에세이로 쓸 수 있었는지 이야기해보겠다.

# 영어와 싸울 것인가, 책 내용과 싸울 것인가

## 원서를 어떻게 읽을 것인가

세인트존스의 수업은 100퍼센트 토론이다. 앞에도 언급했지만 이 말은 수업 준비를 위한 예습이 선택이 아니라 필수라는 뜻이다. 토론 수업을 하려면 '무조건' 정해진 분량의 책을 읽어야만 한다. 나의 고난은 이 책읽기에서부터 시작됐다. 첫 수업부터 아리스토텔레스의 《물리학》과 호메로스의 《일리아스》를 읽어야 했다. 한 줄 한 줄 사전 두드려가며 단어를 찾고 문법 따져가며 읽을 수 있다면 좋겠지만 그럴 시간이 없었다. 수업마다 몇 십 장은 기본이고, 특히 수업 시간이 긴 세미나의 경우 많을 때는 심지어 몇 백 장 분량의 원전을 읽어야 했기 때문이다.

시간은 항상 부족했고 수업 준비는 언제나 끝이 나지 않았다. 당연히 수업에 읽어가야 할 분량을 다 읽지 못하고 가는 일이 계속됐다. 다른 원어민 친구들은 어쩌다가 가끔 다 못 읽고 수업에 갔지만 나는 어쩌다가 운 좋게 다 읽고 가는 식이었다. 그렇게 전부 읽지 못하고 수업에 가면 문제가 무엇이냐. 토론 준비가 덜 됐으니 참여는커녕 토론 내용을 이해하기도 힘들다는 것이다. 즉 나의 문제는 이랬다. 첫째, 다 읽지도 못한다. 둘째, 읽어도 모르거나 맞게 읽은 건지 자신이 없다.

결론은? 게임 오버였다. 고전과 영어의 어려움에 더해 책을 다 읽지 못하는 어려움까지, 이런 어려움들에 직면했을 때 정말 눈앞이 캄캄했다. 밤잠 안 자고 책을 다 읽었더라도 내가 읽은 것에 대한 자신감이 없었다. 자신이 있다 하더라도 고전 자체가 어렵기 때문에 이해가 부족했다. 넘지도 않은 산이었지만 산 넘어 산이었다. 대체 이걸 어떻게 극복한단 말인가?

답은 간단했다. 그냥 극복하지 않았다.

### 언어 실력보다 배움을

어렵지만 배울 것이 많은 고전을 읽고 온 학생들은 수업 시간마다 자신들이 읽은 것이 무슨 뜻인지 이해하기 위해 머리를 맞대고 노력한다. 나는 언어의 장벽 때문에 그 소중한 순간을 놓치고 싶지 않았다. 어떻게든 내용을 알고 수업에 가고 싶었다. 내용을 알면 토론의 주제에 대해 함께 고민할 수 있기 때문이다. 하지만 속독 능력은 며칠 공부한다고 확 키울 수 있는 게 아니었다. 그래서 한국어판 책을 샀다. 한국어는 확실히 영어보다 훨씬 빠르게 읽을 수 있기 때문이다. 책 자체가 어려워 이해가 안 되는 한이 있더라도 그 분량을 한국어로 먼저 읽고 영어로 다시 읽었다.

몇 백 페이지씩 읽어야 할 때는 한국어 책만 읽고 수업에 가기도 바빴다. 하지만 그런 때에도 어떻게든 다른 친구들보다 일찍 읽고 중요한 챕터들은 대충이라도 영어 책을 훑어봤다. 마음에 드는 문장들, 어려워서 이해가 안 되는 문장들은 밑줄을 그어놓았다가 영어로 어떻게 쓰여 있는지 분석해보고 문장들을 비교해봤다. 특히 철학책은 영어가 오히려 더 간단명료하기도 했다.

결국 영어와 싸울 것이냐, 어려운 책 내용과 싸울 것이냐, 둘 중 하나를 선택하는 것이다. 나의 경우는 언어의 장벽 때문에 배움을 놓치는 것이 너무 아쉬워 언어 실력은 천천히 키우더라도 책 내용을 배울 수 있는 방법을 택한 것이다. 하지만 나처럼 영어가 제2외국어인 친구들 중에는 아무리 어려워도 모국어로 된 책을 읽지 않고 끈질기게 영어로 읽으며 고군분투하는 친구들도 있었다. 그런 친구들은 처음에는 인문 고전을 읽고 배움을 얻기보다는 영어 공부에 집중하는 것이기 때문에 진짜 고생을 많이 했지만 점점 고군분투하는 시간이 줄어들었다고 한다.

그러나 내 방식대로 한다고 해서 절대 언어 공부를 소홀히 할 수는 없었다. 모든 수업의 한국어 책을 다 살 수가 없기 때문이다. 한국어로 번역이 안 되어 있는 책도 많을뿐더러 그렇게 사려면 돈이 엄청 든다. 그랬기 때문에 나 역시도 다른 수업들은 그냥 되든 안 되든 영어로 읽으며 영어와의 싸움을 하고, 세미나에서 읽는 책들 중에서도 특히 몇 번에 걸쳐 비중 있게 다루는 어려운 책들만 한국어 책을 구입했다. 그렇게 해서 중요한 책들은 확실히 읽고 수업에 갔다.

### 너도 나도, 아무도 모른다

읽었어도 모르겠거나 자신이 없는 것은 문제가 되지 않는다. 고전은 그 자체가 어렵기 때문에 모르는 건 모두 마찬가지이기 때문이다.

즉, 영어가 안 돼서 다 읽지 못하고 온 영희도, 다 읽었지만 제대로 읽었는지에 대한 자신감이 없는 철수도, 영어는 아무 문제가 없지만 책 자체가 어려워 이해를 못 하는 피터도, 심지어 영어도 문제없고 똑똑해서 자기가 다 이해했다고 생각하고 수업에 온 다니엘도, 뭐가 뭔지 모르는 상태로 수업에 온다는 공통점이 있다. 웃기지만 얼마나 다행인 공통점인가!

이렇게 모두 뭐가 뭔지 모르는 상태로 모인 수업이지만 아이러니하게도 다 같이 알고 있는 것이 있었으니 그건 바로 "내가 모르는 게 무엇인지 알고 있다는 것"이다. 만약 내가 책을 읽었는데 "아, 모르겠어." 하고 끝내면 정말로 끝이다. 하지만 내가 책을 읽었는데 (언어 문제 때문이든 책 내용이 어려워서든) 그것에 대해 잘 모르겠고 자신이 없으면 어떤 부분이 이해가 안 되는지, 어떤 부분에서 자신이 없는지 체크를 해놓으면 된다. 그 후 수업에 가서 "이 부분이 이해가 안 된다"고 말하며 다른 친구들에게 설명을 부탁할 수도 있고, "이 부분이 이렇다는 거야?" 하고 내 생각을 확인해볼 수도 있다.

어떤 때는 내가 한 해석이 단순히 영어 실력이 부족해서가 아니라 내 가치관을 버리지 못하고 마음대로 해석했기 때문에 틀리기도 한다. 내가 잘못 읽은 거라면 다른 친구들의 의견과 조언을 듣고 "아, 그렇구나." 하고 받아들이면 된다. 그런데 또 어떤 때는 나의 (원어민보다 떨어지는) 영어 실력 덕분에 다른 친구들보다 더 주의 깊게 읽어서 내 해석이 더 정확하기도 한, 즐거운 일이 벌어지기도 한다.

토론에는 정답이 있을 수 없다. 이해를 못 했는데도, 내 생각을 표현해야 하는데도 아무 말도 하지 않고 조용히 있으면 그것이 진짜 문제이다.

모르는 걸 알려고 하는 집요한 태도는 포기하지 않고 소통하고자 하는 욕심에서 나온다. 내가 한국어 책을 먼저 읽는 잔머리를 굴렸던 것도 사실 그 욕심 때문이었다. 아예 언어가 안 돼서 내가 모르는 게 뭔지조차 모르는 상황이 되면 답도 없고 아무도 도움을 줄 수가 없지만, 그 단계만 벗어나면 토론과 소통 그리고 배움이 시작되기 때문이다.

나는 이런 식으로 한국어와 영어를 비교하며 책을 읽기도 하고, 영어 책만 읽고 머리 아프게 고민한 후 토론을 통해 내가 읽은 것이 맞는지 틀린지 확인하기도 했다. 여전히 모국어가 아닌 언어로 철학책을 읽는 것은 도전이지만 그래도 이 과정을 4년간 반복하다 보니 철학책들을 읽는 데 조금씩 익숙해질 수 있었다.

# 셜록 홈즈처럼 듣기

### 질문이 들리지 않는다면

이제 책을 읽었다고 치고, 마음을 단단히 먹고 수업에 들어가보자. 공포의 직사각형 테이블에서 반 친구들의 얼굴을 마주 보고 앉아 있으면 튜터가 제일 먼저 입을 연다.

"자, 오늘은 《돈키호테》 세미나네요. 질문을 하기 전에 먼저 질문과 관련된 구절을 함께 읽어보겠습니다. 10쪽 두 번째 문단입니다."

튜터의 말과 함께 듣기가 시작된다. 그렇게 튜터의 지시에 따라 토론의 시작 질문과 밀접한 관련이 있는 부분을 함께 읽고 나면 튜터는 본격적으로 질문을 한다.

"돈키호테에게 둘시네아 공주는 어떤 의미였을까요?"

이 질문을 토론을 여는 질문opening question이라고 부르는데 보통 튜터가 질문을 하고 나면 순간 교실에 침묵이 찾아온다. 그 질문에 대해 생각을 해보는 것이다. 문제는 만약 듣기가 안 된다면 저 질문조차도 들리지 않는다는 것이다. 앞으로 하게 될 두 시간짜리 토론의 초반부인, 이 여는 질문이 아예 이해가 되지 않으면 시작부터 다 놓치게 된다. 참 좌절하지 않을 수가 없다. 그리고 부끄럽게도 이런 좌절은 학창 시절 초기 '나의 가장 친한 친구'였다. 열심히 책을 읽고 세미나를 가도 열 번 중 다섯 번은 여는 질문에서부터 제대로 알아듣지 못했다. '어떤 질문이 나올까? 잘 들어야지!' 하고 몸과 마음을 다해 집중을 하고 있다가도 튜터의 질문이 전혀 귀에 들어오지 않으면 스스로가 어찌나 비참하게 느껴지는지.

여는 질문을 놓치는 데는 몇 가지 이유를 짐작해볼 수 있다.

첫째, 여는 질문의 단어가 안 들린다. 둘째, 읽은 내용을 이해하지 못했다. 셋째, 정말 단순히 영어를 못한다.

단어가 들리지 않는 데 대한 해결 방법은 단순하다. 사전을 가지고 있다가 못 알아들은 단어를 찾아보는 것. 이렇게 단어 한두 개 때문에 들리지 않는 거라면 사전을 찾아보면 알 수 있고 그 단어의 뜻만 알면 대부분 들리게 돼 있다. 하지만 여는 질문이 있기 전에 만약 읽기를 제대로 했다면 대개는 책에 나오는 단어들이기 때문에 단어를 따로 찾아볼 필요조차 없는 경우가 많다(책을 읽으면서 익숙하지 않은 단어는 이미 찾아봤을 테니). 게다가 보통 여는 질문은 핵심 키워드에 관한 내용이 많으므로 충실히 원서를 읽었다면 크게 문제가 되지 않는다.

### 아는 것을 바탕으로 추리하며 듣기

읽은 내용이 이해가 안 됐기 때문에 듣기가 안 되는 것은 당연한 일이다. 만약 예를 들어 〈세법개정안〉에 관한 내용을 읽었는데 이해가 안 됐다면, 언어를 잘하고 못하고의 문제를 떠나서 새로 개정된 세법에 대한 토론을 할 때 귀에 들어오는 내용이 하나도 없을 것이다.

당연히 책을 이해하기 위해 내가 할 수 있는 최선을 다해 준비했음에도 나의 최선이 '전체 내용 중 30퍼센트 이해'인 경우도 발생한다. 이럴 때는 부끄러운 마음은 열심히 한구석에 밀어놓고 다음 단계로 넘어가야 한다. 다음 단계란 '셜록 홈즈 되기'다. 이때부터 해야 할 것은 탐정 놀이다. 기본으로 제공되는 정보는 내가 읽어온 책에 대한 30퍼센트의 이해도다. 그리고 토론 중 친구들이 하는 말들이 사건을 해결할 중요한 실마리다. 만약 내가 책을 읽고 이해한 30퍼센트가 '돈키호테는 둘시네아 공주를 사랑했다'라고 가정하자. 친구들이 말한다.

"그러니까 왜 돈키호테가 둘시네아라는 허구적 인물을 상상했느냐 말이지."

"둘시네아는 돈키호테의 또 다른 상상적 요소였던 여관, 풍차와는 다른 역할을 한다고 생각해."

이런 대화를 통해 정보를 얻을 수 있다. '아, 둘시네아는 실제 인물이 아니구나. 여관, 풍차도 둘시네아 같은 상상적 예시였네.'

이 탐정 놀이는 듣기 실력을 가장 빠르게 늘려줄 수 있는 방법 중

하나다. 내가 공부해온 게 맞았는지 확인하고, 그 내용에 대해 다른 친구들은 어떤 생각과 의문을 가지고 있는지 오로지 듣기를 통해서만 확인할 수 있는 상황에 놓이기 때문에 엄청난 집중력이 요구되고, 자연스럽게 듣기 실력이 일취월장하게 되는 것이다.

그렇다면 전반적으로 영어를 못해서 듣기가 안 될 때는 어디서부터 어떻게 공부를 시작해야 할까? 이런 경우는 더 어려운 수업에 가서 어려운 리스닝을 하며 실력을 늘리고 싶더라도, 자기 수준에 맞는 수업 아니면 수준에 조금 못 미치는 수업을 찾아 들으면 효과적으로 실력을 향상시킬 수 있다. 자신의 실력보다 높은 수준의 수업은 발전보다는 좌절만 가져오고 결국 포기하게 만들지도 모르기 때문이다.

### 자신감을 가져라

사실 토론 수업에서 리스닝이 안 되는 마지막 한 가지 이유가 더 있다. 내 문제가 아닌 책과 튜터의 문제가 그것이다. 한번은 엄청 열심히 꼼꼼히 잘 책을 읽어간 적이 있었다. '이번만은 정말 진짜 완전 준비 완료! 오늘 수업은 내가 정복한다'는 마음으로 수업에 갔다.

그런데 튜터의 여는 질문부터 듣기가 막혀버렸다. 정말 완벽하게 준비됐다고 생각했는데 여는 질문부터 이해가 안 가다니! 충격 때문에 하늘에서 벼락이라도 맞은 사람처럼 축 처져 있었다. 새로운 공부법을 연구해야겠다는 의지조차 사라진 순간이었다. 질문이 던져진 후 테이블은 조용해졌고 그 정적을 깨고 한 친구가 입을 열었다.

"튜터님, 질문 좀 다시 해주세요. 질문이 명확하지 않아요."

친구의 말에 나는 또 다시 벼락 맞은 사람처럼 충격을 먹었다. 이해가 안 된 이유가 내 문제가 아니었기 때문이다. 주변을 둘러보니 다른 친구들도 고개를 끄덕였고 튜터는 아주 흔쾌하게 그러냐고 하며 다른 식으로 질문을 하셨다.

이처럼 때로는 내 문제가 아니라 책 자체가 워낙 어렵기 때문에 또는 튜터의 질문이 한 번에 이해할 수 있는 내용이 아니기 때문에 듣기가 안 되기도 한다. 그런 때 모든 걸 내 탓으로 돌리지 말고 해야 할 일이 있다. 바로 질문하기, 말하기다.

# 질문은 가장 좋은 말하기다

### 질문을 던져라

토론 수업을 할 때 좋은 말하기는 무엇이고 어떻게 해야 할까? 어려운 질문 같지만 사실 전혀 그렇지 않다. 좋은 말하기는 질문하기다. 토론 수업 중 할 수 있는 질문은 여러 종류가 있다.

우선 주제를 정리하는 '정리 질문'이 있다. 많은 생각들이 모여 토론이 진행되다 보면 토론 테이블 위에 던져진 내용이 한두 개가 아닌 경우가 있다. 앞서 나왔던 예시를 다시 살펴보자.

"하늘은 파란색이야."

"아니야, 빨간색이야."

"그럼 왜 바다는 파란색인데?"

"하늘은 하늘색이니까 하늘이고 바다는 바다색이라서 바다인 거야."

이 예시를 보고 있으면 도대체 하늘 색깔에 대한 이야기인지, 바다 색깔에 대한 이야기인지, 아니면 색과 관련된 이름에 대한 이야기인지 알기 어렵다. 그런데도 불구하고 말하고 있는 친구들은 자신들의 의견에 집중하느라 정작 크게 상관하지 않는다.

하지만 한 걸음만 떨어져서 객관적으로 토론 내용을 점검해보면 얼마나 많은 주제들이 테이블 위에서 나뒹굴고 있는지 깨닫게 된다. 이런 토론 속에서 혼란스러워하고 있을 때 누군가가 토론을 중단시키고 "도대체 우리가 얘기하고 있는 게 하늘이야? 바다야?"라고 정리 질문을 해주면 속으로 쾌재를 부른다. 이 질문은 나뿐만 아니라 다른 친구들에게도 언제나 큰 도움이 되기 때문에 튜터들 또한 자주 한다. 좋은 토론을 만드는 데 중요한 역할을 하는 질문 중 하나다.

두 번째는 '요구 질문'으로 상대방이 자신의 의견을 더 확실히 말하도록 만드는 질문이다. 토론하는 학생들은 자주 이도저도 아닌 애매한 의견을 말할 때가 많다. 책 내용도 어려울뿐더러 생각이 명확히 정리되지 않은 상태에서 자신의 주장을 펼치고 있기 때문이다.

"그러니까 하늘이 하늘색인 이유는 그 하늘색이라는 게 꼭 파랑만을 말하는 게 아니라. 음…… 해가 질 때는 빨간색이 하늘색일 수도 있는 거고 주황색이 하늘색일 수도 있는 거잖아? 음…… 사람들에게는 일반적으로 하늘색이 파랑색이라는 선입견이 있기 때문에……."

이런 횡설수설을 듣고 있다 보면 흐름을 놓칠 때도 있고 놓치지 않더라도 무슨 말인지 정확히 감을 잡기 힘든 경우가 많다. 이럴 때 "그래서 너는 지금 무슨 말을 하고 있는 건데?"라고 요구 질문을 던지는 것이다. 물론 이렇게 단도직입적으로 말하면 친구의 기를 꺾을 수 있기 때문에 별로 좋지 않다. "미안해! 네 말을 따라가지 못했어. 다시 한 번 말해줄래?"라고 내 탓을 하며 물어보는 게 좋다. 그 친구가 정말로 횡설수설하고 있었던 거라면 십중팔구 다른 친구들 역시 내 질문을 고마워할 것이다.

세 번째 방법은 내가 더 생각해보고 싶은 내용으로 돌아가는 '유도 질문'이다. 사공이 많아 토론이 산으로 가고 있을 때가 있다. 만약 지금 논의되고 있는 것들에 대해 불타는 열정이 있고 이 내용들을 더 명확하게 하고 싶다면 정리 질문으로 테이블을 정리하면 된다. 그런데 내가 너무나 흥미롭게 읽었던 부분은 정작 수업에서 이야기되지 않고 친구들은 다른 주제들에만 집중해 있는 때가 있다.

'도대체 얘들은 바다가 바다색인지 하늘이 하늘색인지가 왜 궁금하지? 바다가 하늘색이든 하늘이 바다색이든 그게 뭐가 중요해? 책의 가장 결정적인 내용은 바다에서 사람들이 수영을 하면서 실례를 하면 바다의 색이 바뀌냐 아니냐 하는 것이었잖아?'

그럴 때 "얘들아, 우리가 이런저런 좋은 이야기를 하고 있지만 이런 부분도 연관이 있는 것 같은데."라는 질문으로 토론을 잠깐 세우고 돌아가서 토론의 주제를 내가 관심 있는 방향으로 유도하는 것이다. 이미 이야기가 나왔었더라도 상관없다. 중요하다고 생각한다면 다시 한 번 그쪽으로 흐름을 유도하고 왜 나는 이 부분이 책 내용의 핵심이라고 생각하는지 설명하면 된다.

그러려면 타이밍이 중요하다. 한창 테이블 위에 다른 내용으로 토론이 불타고 있는데 그건 듣지도 않고 내가 관심 있는 부분에만 집중하면 모든 흐름을 끊어버리게 된다. 흐름을 잘 보고 있다가 적절한 타이밍에 질문하는 게 중요하다.

마지막으로 들은 내용을 내 문장으로 정리하는 '따라 말하기 질문'이 있다. 아마 지금까지 나온 질문들 중 제일 중요한 질문이 아닐까 싶다. 이 질문을 통해 토론의 흐름 속에 나를 넣어둘 수 있다. 이 질문은 말 그대로 따라 말하면 된다. 하지만 앵무새처럼 따라 말하는 게 아니라 내 문장을 써서 말해야 한다.

수학 문제도 어떻게 풀었는지 말로 설명할 수 없다면 제대로 이해한 것이 아니라고 하지 않는가. 내 문장으로 바꿨을 때 말이 나오지 않는다면 그 친구 말을 이해했다고 할 수 없다. 따라서 어떤 친구가 의견을 냈을 때 그 말을 열심히 듣고 있다가 되물으면 된다. 그렇게 되물으며 "내가 들은 것이 맞아, 안 맞아?" 하고 확인하는 질문이 바로 따라 말하기 질문이다. 이 질문은 친구가 우왕좌왕하던 의견을 내 문장으로 다시 정리한 것이기 때문에 좀 더 명확하게 이해된다. 직접 친구와 소통하면서 내가 이해했는지 확인을 받을 수도 있다.

### 의견을 덧붙이기

질문은 토론 수업에서 여러모로 중요한 역할을 한다. 특히 질문은 의견을 말해야 한다는 부담을 덜어준다. 다른 사람들이 한 말을 따라 말해보고 질문함으로써 좀 더 쉽게 수업에 참여할 수 있다. 또 친구들이 한 말을 내 말로 바꿔보는 과정은 말하기 실력을 향상시킨다.

이쯤 되면 "이렇게 질문만 하면 이게 토론이야, 청문회야?" 하는 궁금증이 생길 것이다. 사실 그렇다. 토론은 질문만 하는 자리가 아니라 서로의 의견을 공유하는 자리다. 그럼 언제 내 의견을 말해야 할까? 간단하다. 저 네 가지 질문을 종류별로 하면서 양념 뿌리듯이 내 의견을 첨가해주면 된다.

"지금 우리 이야기의 주제는 이거지? 근데 내 생각에는 이 부분에 좀 더 초점을 맞출 필요가 있다고 생각해."

"그러니까 네 말은 이렇다는 거야? 내 생각은 이런데 어떻게 생각해?"

토론 수업의 목적은 서로 싸우자는 것이 아니라 서로의 의견을 들어보자는 것이다. 듣기 위해서 토론자들이 말을 해야 하는 것은 당연하고 말이다.

여기에 쓴 내용들은 내가 정말로 세인트존스에서 토론 수업을 통해 배운 중요한 말하기 방법들이다. 이 방법만 익혀도 토론이 아니라 평범한 대화를 하더라도 말하기가 훨씬 수월해질 뿐만 아니라 유쾌하고 즐거운 대화를 할 수 있게 될 거라고 믿어 의심치 않는다.

영어 말하기는 중요하다. 하지만 더 중요한 것은 영어라는 도구를 이용해 나와는 다른 의견을 가지고 있는 사람들과 생각을 나누며 공감하고 반박할 줄 아는 소통의 능력이다. 우리가 영어 말하기를 잘하고자 하는 이유는 갈라파고스 섬에 가서 말귀도 못 알아듣는 펭귄에게 유창하게 영어로 말하기 위해서가 아니기 때문이다. 이 질문하기 방법들은 영어 말하기 실력을 키우기 위해서 기본적으로 갖춰야 할 자세가 아닐까. 그 자세가 갖춰져 소통이 되기 시작하면 대화가, 토론이 재미있어진다. 조금씩 질문에 내 의견까지 덧붙이기 시작하면 어느새 말하기 실력은 훌쩍 향상돼 있을 것이다.

# 배움을 정리하여 쓰다

### 생각을 정리하는 것은 가치관을 만드는 것

쓰기는 '배움의 꽃'이다. 책을 읽고, 토론하는 것 등도 다 중요하지만 나는 쓰기를 감히 '최고의 배움'이라고 말하고 싶다. 고전을 읽고 여러 의견을 듣는 것이 '정보 습득의 과정'이고, 내 의견을 말하는 것이 '정보 공유의 과정'이라고 한다면, 쓰기는 '정리의 과정'이기 때문이다. 글을 쓰면서 우리는 자신의 의견, 다른 이들의 의견을 총체적으로 정리할 수 있다. 정리하는 과정에서 우리는 자신만의 가치관을 만들 수 있기 때문이다.

많은 사람들이 고전을 읽고 책을 읽으라고 한다. 훌륭한 책을 읽으라고 하는 이유는 그 책들을 읽고 난 후 줄거리를 요약하기 위해서가 아니다. 책을 읽고 해야 하는 것은 '그 책에 대해 생각하기'다. 생각하기는 자기 자신밖에 할 수 없다. 우리는 물론 책을 읽는 중에도 생각을 한다. '돈키호테가 이런 미친 짓을 했구나' 또는 '아, 로시난테가 불쌍하다'와 같은 생각들은 일차원적 생각일 뿐이다. 진짜 더 깊이 있는 생각은 책을 덮고 난 후 다시 하게 된다. '나는 왜 로시난테가 그렇게 불쌍했을까?' '나도 돈키호테처럼 미친 짓을 할 수 있을까?' 이런 생각들을 통해 우리는 나 자신에 대해 하나둘 더 알아가게 되고 고유의 색깔, 가치관을 가진 각자 다른 사람이 될 수 있다.

그런데 깊이 있는 생각은 다 읽은 책을 덮고 조용히 눈 감고 있는다고 할 수 있는 것이 아니다. 그래서 글쓰기가 필요하다. 글을 쓰는 과정 속에서 하나의 정리된 생각이 탄생하기 때문이다. 나는 세인트존스에서 온갖 종류의 에세이를 쓰면서 글 쓰는 과정이 출산의 과정과 비슷하다고 생각했다. 그만큼 내 고유의 생각을 탄생시키는 건 힘들다.

한 학기 수업을 듣는 동안 조니들은 많은 리포트를 쓴다. 수학, 음악 리포트를 쓰기도 하고, 과학 실험 수업에선 실험 리포트를 쓰기도 한다. 불어, 희랍어를 배우는 언어 수업 역시 번역 관련 리포트를 쓴다. 모든 리포트들이 중요하지만 특히 중요하게 여겨지는 것이 바로 세미나 에세이다.

다른 리포트들은 한 학기에 3~4개 쓰지만, 세미나 에세이는 한 학기에 딱 한 개(아나폴리스 캠퍼스의 경우 1년에 한 개)만 쓴다. 그런 만큼 중요하고 정성들여 써야 한다.

### 아무것도 대신해주지 않는다

1학년 때는 튜터가 에세이에 대해 좀 더 설명해줄 줄 알았다. 어떤 식으로 쓰는 건지, 어떤 글이 돼야 하는지. 그런데 정말 황당하게도 아무런 설명이 없었다. 세미나 에세이 제출 날짜 한 달 전쯤에 한 번 언급한 것이 전부였다.

8~12장짜리 에세이는 도대체 어떻게 쓰는 거지? 무슨 책으로? 주제는? 주제를 정해주는 건 당연한 거 아닌가? 이런 생각을 하고 있던 나는 주제는커녕 책조차 정해주지 않는다는 것이 한편으로 두려웠다. 책부터 나 스스로 골라야 했기 때문이다. 내가 이번 학기 세미나에서 읽었던 책들 중 마음에 들었던 책 몇 권을 뽑아놓고 열심히 쳐다봤다(지난 학기에 읽었던 책 중에서 꼭 쓰고 싶은 책이 있다면 튜터에게 허락받으면 된다).

그렇게 후보들을 놓고 심사를 하고 있으니 당혹감이 들었던 처음과는 달리 재미있다는 생각이 들기 시작했다. 만약 써야 할 책이 정해져 있는데 내가 그 책을 싫어했다면? 한국에서 진절머리 치며 해야만 했던 숙제와 다름없지 않은가! 싫어하는 책으로 10장이 넘는 리포트를 쓰는 건 생각만 해도 끔찍한 일이었다. 그렇게 해서 나 스스로 고른 책은《걸리버 여행기》였다.

그렇게 책을 고르고 나면 맞닥뜨리는 다음 난관. 책은 골랐는데, 주제는 어떻게 정하지? 다시 책을 읽어보면 좋겠지만《걸리버 여행기》는 분량이 장난 아니다. 몇 백 쪽 분량의 책을 빠르게 다시 처음부터 끝까지 훑어보며 예전에 읽었던 가물가물한 기억을 되살려야 한다. 세미나 때《걸리버 여행기》를 읽은 후로 다른 세미나 책들을 읽으며 이미 산 넘고 강 건너 가버린 내 정신을 다시《걸리버 여행기》를 읽던 때로 불러와야 하는 것이다. 이렇게 주제를 고민하며 에세이를 어떻게 쓸지 머리를 굴리는, 브레인스토밍 과정을 거친다.

브레인스토밍을 할 때 큰 도움이 되는 것이 바로 노트 필기다. 처음 책을 읽었을 때 든 생각들을 책에 적어놓거나, 아예 그때그때 떠오르는 생각이나 질문을 노트에 적는 습관을 들이면 좋다. 또 세미나에서 그 책을 토론할 때 나왔던 주제들, 특히 토론 중 내가 마음에 들었던, 흥미로웠던 질문들을 적어두면 나중에 에세이 주제를 정할 때 내가 관심 가졌던 부분으로 돌아가 빠르게 브레인스토밍을 시작할 수 있다.

마음에 드는 부분을 발견했다면 이제 그 부분을 집중적으로 다시 읽기 시작한다. 《걸리버 여행기》로 예를 들어보면, 책에는 네 종류의 나라가 나온다. 그중 나는 첫 번째 나라, 소인국 릴리프트가 제일 흥미로웠으니 이 이야기에만 집중하겠다고 결심한다면 릴리프트 이야기만 다시 정독하면 된다.

그렇게 읽고 있다 보면 또 다른 흥미로운 부분이 발견되는데 그 부분은 어떤 특정한 사건이나 사물일 수도 있고 특정한 캐릭터가 될 수도 있다. 예를 들면 릴리프트 왕국 이야기에서는 계란을 깨먹는 법에 대한 이야기가 나온다. 그 계란에 흥미가 있으면 이제 '왜 계란이 이렇게 중요한 역할을 할까?'라는 질문을 계속 생각하며 처음부터 끝까지 다시 읽어보는 것이다.

이렇게 하나의 주제를 머릿속으로 생각하며 책을 다시 읽는 건 재미있기도 하지만 정말 중요한 과정이다. 바로 이 과정을 통해 '내 생각'을 만들어갈 뿐 아니라 깊이를 더하게 되기 때문이다. 기본 질문을 가지고 책을 다시 읽으면 처음에는 보이지 않았던 것들이 보인다. 그러면서 점점 해답을 찾기도, 내 주장을 뒷받침할 예시들이 나오기도, 아니면 점점 더 미궁으로 빠지기도 한다.

내가 생각하고 고민하는 중인 주제에 대해 책을 읽은 친구들과 함께 이야기해보는 것도 아주 좋다. 내가 보기에는 정말로 좋은 질문이고 기가 막힌 주제라고 생각하더라도 객관적으로 보기에는 아닐 수도 있기 때문이다. 이런 과정을 통해 내 질문이 재미가 없거나 쓸 만한 게 없다는 생각이 들면 처음부터 다시 브레인스토밍을 시작해야 한다.

내가 1학년 때 이런 실수를 했다. 아리스토텔레스《니코마코스 윤리학》을 읽고 인간의 사회성에 대해 썼다. '아무리 생각해도 너무 기가 막힌 주제야!' 하면서 신이 나서 내 나름대로 분석한 후 에세이를 써냈다. 그런데 튜터들로부터 처음 절반은 참신하고 좋았지만 나머지 절반은 억지라는 극과 극의 평을 받아 웃다가 울었다.

자신이 주제를 정하고 책을 그 주제에 맞춰 해석하기 시작하면 어떤 때는 그동안 못 본 새로운 것을 발견할 수도 있지만, 어떤 때는 콩깍지가 씌어서 말도 안 되는 것을 그럴 듯하다고 생각하고 책을 잘못 해석하는 실수를 저지를 수도 있다. 따라서 책을 함께 읽은 친구들과 내가 생각하는 주제에 대해 이야기를 나눠보는 것은 객관적인 견해를 들을 수 있는 좋은 방법이다.

이렇게 브레인스토밍을 하고 있으면 주제 선정뿐만 아니라 개요까지 만들게 된다. 개요는 또 무엇인가? 에세이 하나 쓰려면 이런 걸 다 해야만 하나? 나도 처음에는 이런 의문을 품었다. 그래서 1학년 때는 주제만 덜렁 정해놓고 무작정 글을 쓰기도 했다.

그런데 몇 번 쓰다 보니 구성이 튼튼하고 전달이 명확해야 잘 쓰인 에세이라는 걸 깨달았다. 자연스럽게 개요를 짜게 됐다. 개요를 짠다는 것은 '생각의 흐름을 정리'한다는 말이다. 내가 선택한 주제에 대한 생각을 정리하고 전개해가는 형식을 정해놓는 것이 바로 개요다.

예를 들면 내 에세이의 주제는 '계란 깨 먹는 법 따위가 왜 중요한가?'였다. 그 답을 찾기 위해 나는 이 질문을 염두에 두고《걸리버 여행기》를 읽고 또 읽었다. 그러다가 첫 번째 이유를 발견하게 된다. '계란 깨 먹는 법은 객관성을 보여주기 때문에 중요하다.' 그러면 에세이의 첫 부분은 어떤 의미에서 객관성이 드러나는지 등 내 주장을 뒷받침해줄 수 있는 요소들을 언급하며 내가 치밀한 사고의 과정에서 발견한 그 결론에 도달하기 위해 흘러가야 한다.

그러고 나면 이제 다시 내가 책을 읽으면서 발견한 두 번째 주장으로 넘어간다. 두 번째 주장은 '계란 깨 먹는 법은 관습의 무의미함을 보여준다'라고 하자. 그러면 책으로부터 근거를 들어가면서 나의 그 두 번째 주장으로 독자들을 이끌어가는 것이다.

이렇게 쓰고 보면 내 에세이의 개요는 다음과 같다.

주제: 계란 깨 먹는 법이 왜 중요한가?

첫 번째 이유: 계란 사건에 대해 제3자인 걸리버의 객관적 시선이 소개된다.

두 번째 이유: 계란 사건은 관습의 무의미함을 암시한다.

그러고 나서 결론에 도달하면 된다. 결론은 그 탐구 과정에서 알게 된 새로운 사실, 나의 통찰력이다. 즉, '계란 깨 먹는 것은 객관적인 입장에서 보면 심각한 문제가 아닌 인간의 헛된 관습일 뿐이다. 그런데 당사자들에게는 너무나 중요한 요소일 수 있다'는 주장을 정리해서 쓰면 되는 것이다.

이렇게 해서 개요가 확실해졌다는 말은 그 책에 대한 내 생각이 드디어 처음부터 끝까지 정리가 됐다는 뜻이다. 그러면 복잡하고 어려운 생각 정리 과정이 끝난다. 이제 신나게 글을 쓰기 시작하면 된다.

### 영어 작문과 글쓰기의 차이

그런데 잠깐, 이 에세이는 그냥 글쓰기가 아니라 영어 글쓰기다. 글쓰기 자체만으로도 어려운데 영어로 쓰기라니! 정말 산 넘어 산이 아닐 수가 없다. 하지만 어쩌랴. 대학 공부의 어려움도 모자라 보너스로 영어 장벽까지 앞을 가로막는 이 안타까운 상황은 유학생이라면 감수해야 하는 부분이다.

'그러니까 영어 글쓰기는 어떻게 하면 잘할 수 있는지 제발 빙빙 돌리지 말고 대답해달라'고 외치고 싶은 사람들이 많을 거라고 생각된다. 하지만 사실 이 질문은 잘못된 것처럼 들린다. 저 질문에는 두 가지 질문, 즉 '영어 문장 쓰기 어떻게 공부하는지'와 '글쓰기 를 잘하려면 어떻게 해야 하나'가 합쳐져 있기 때문이다.

영어 작문과 글쓰기는 다른 종류다. 영어 작문은 기술이다. 영어로 문장을 잘 쓰고 싶다면 영어로 많이 쓰고 많이 읽어야 한다. 그것밖에 길이 없다. 일기, 에세이, 시 등 온갖 종류의 글들을 쓰다 보면 어느 순간부터 내가 하고 있는 작문 수준에 답답함을 느낀다. 더 멋진 문투로 쓰고 싶고, 더 간결하게, 하지만 수준 있는 단어로 고급 문장을 쓰고 싶어진다. 그 순간이 오면 책을 읽을 때 자연스럽게 문장들을 살펴보게 된다. 그렇게 문장을 연구하고, 좋은 문장은 적어놓기도 하는 과정이 반복되고 쌓이다 보면 영작을 잘할 수 있다.

하지만 글 잘 쓰기는 별개의 문제다. 당연히 영어 작문 공부법과는 다른 방식의 노력이 필요하다. 그 노력이 바로 여태 말한 에세이 쓰기다. 주제를 정하고, 그에 맞는 개요를 짜보고 글을 쓰는 것. 다 쓰고 난 후 전반적인 글의 구성, 흐름, 전개 방식, 설득력, 간결성 등의 요소를 확인하면서 글을 고치고 또 고치는 것. 이 과정들을 반복하면서 에세이를 쓰다 보면 글쓰기 실력이 늘게 된다. 에세이뿐만 아니라 꾸준히 일기 쓰기에 습관을 들이는 것도 좋은 글을 쓰는 데 도움이 되는 훌륭한 방법이다.

따라서 영작을 잘하기 위한 훈련과 글쓰기를 잘하기 위한 훈련은 따로 할 수도 있고 시간이 없다면 같이 해나갈 수도 있다. 이러나저러나 어쨌든 많이 쓰고 또 쓰고 관심과 열정을 다하면 글쓰기(와 영어 글쓰기) 실력은 늘 것이다.

# 6

# 방과 후의 세인트존스

세인트존스 교육의 목적은 인간 지성의 해방에 있다.

즉 인종, 민족, 성, 종교적 신념, 국적, 경제적 배경,

나이, 장애 혹은 성적 취향을 초월한 모두를 위한 교육이다.

# 수업은 끝나도 열정은 꺼지지 않는다

## 자발적 심화 학습 모임, 스터디 그룹

"세인트존스는 살아 있는 배움의 장이다St. John's is a lively community of learning." 세인트존스는 스스로를 이렇게 말한다. 학생들이 수업이 끝났다고 환호를 내지르며 공부를 끝내는 것이 아니라 세미나가 끝난 후에도 쿼드quad, 플라시타placita(대학생들이 모여 노는 광장)에 삼삼오오 모여 열정적인 토론을 이어가는 등 때와 장소를 가리지 않고 주체적으로 즐겁게 학습하기 때문이다.

그렇게 조니들에게는 공부와 놀이에 딱히 구분이 없다. 점심을 먹으며 친구들과 오전에 읽었던 책에 대해 이야기를 나누면 다이닝홀이 세미나장이 되고 수업 후 잔디밭에 앉아 수업 때 했던 토론에 대해 이야기하면 잔디밭이 교실이 된다. 그것만으로는 부족하다 하는 학생들도 있는데 그러면 그때는 스터디 그룹을 만든다.

예를 들어 플라톤의 《크리톤》을 세미나 책으로 읽었는데 그 책이 너무 좋았다. 그래서 그 책에 대해 더 이야기해보고 싶다면 비슷한 관심사, 열정을 가진 친구들끼리 스터디 그룹을 만든다. 한 학기 동안 수업과 별개로 주말 또는 평일 저녁에 자신들이 정한 분량을 읽고 이야기를 나누면서 함께 더 깊이 있는 공부를 한다.

스터디 그룹의 종류는 아주 다양하다. 세미나 책, 튜토리얼 책들도 스터디 책이 될 수 있지만 그 외에도 관심 있는 주제가 어떤 것이든 스터디 그룹으로 만들 수 있다. 그중 언어를 공부하는 스터디 그룹들도 인기가 있었다. 라틴어, 독어, 희랍어 스터디 그룹들도 있고 내가 학교를 다닐 때는 일주일에 한 번 점심시간에 따로 다이닝룸에 모여 오직 불어로만 얘기하면서 밥을 먹는 불어 대화 스터디 그룹이 인기가 있었다.

그 외에도 어떤 특정 작가가 좋아서 결성된 제임스 조이스 스터디 그룹, 성서 원전을 읽고 토론하는 희랍어 성서 스터디 그룹, 유클리드 대체 증명들을 연구하는 유클리드 증명 스터디 그룹 등 관심 분야에 따라 다양한 스터디 그룹이 있었다. 이런 스터디 그룹은 학기와 함께 시작해서 한 학기 내내 같이 공부한다. 참여 여부 역시 전적으로 학생들에게 달려 있다. 관심 있는 학생들이 모여서 만들어지고 학생들의 관심이 없어져 더 이상 오는 사람이 없을 때 사라지는 것이다. 인기 있는 스터디 그룹들은 몇 년간 지속되기도 한다.

그렇게 처음 시작은 관심 있는 학생끼리만 모여 할 수 있지만 많은 학생들에게 인기가 있어 활발한 활동이 지속되는 스터디 그룹이 있다면 나중에 튜터가 합류하기도 한다. 튜터 역시도 의무가 아니라 자신이 원해서 참여한다. 그 주제에 본인 역시 관심이 있어 학생들과 더 이야기하고 싶고 공부하고 싶으면 함께하는 것이다.

이렇게 학생들에 의해서 스터디 그룹이 만들어지기도 하지만 튜터들에 의해서 만들어지는 경우 또한 있다. 내가 재학하던 당시에는 수피Sufi파에 관심 있는 튜터가 수피 신화를 공부하는 스터디 그룹을 만들어 학생들과 함께하기도 했다. 어떤 튜터들은 자기들끼리 얘기하다가 과학 쪽으로 더 깊이 공부하기 위해 튜터 몇 명으로 이루어진 스터디 그룹을 만들었고, 관심 있는 학생들 역시 합류할 수 있도록 했다. 그 스터디는 내가 4학년이었을 때 최고로 인기 있던 스터디 그룹이 되었다(튜터들 여럿이 함께 시작했기 때문에 몇 배로 배울 게, 들을 게 많았기 때문이다).

나는 학교 세미나, 튜토리얼 책들을 공부하는 것만으로도 충분하다 못해 많았기 때문에 학교 책들을 읽는 스터디 그룹은 하지 않았다. 대신 친한 친구들과 시 번역 스터디 그룹을 만들어 활동했다. 일주일에 한 번 주말에 빈 교실에서 모여, 나는 친구들에게 한국 시 원문과 영어 번역본을 프린트하여 나눠주고 친구들 역시 각자가 다른 언어의 시들을 영어로 번역해와서 나눠주었다. 그렇게 각자 다른 언어로 된 시를 준비해서 칠판에 적고 소개하고 어떻게 그 느낌을 살려 번역했는지 설명했다. 안 그래도 시를 좋아하는데 번역을 해서 친구들에게 소개하니 좋았고 다른 친구들이 준비해온 다른 나라(프랑스, 스페인 등)의 시 역시 다양하게 맛볼 수 있어 좋았다.

### 관심 분야에 심취하는 클럽 활동

스터디 그룹까지 결성해 자진해서 공부하는 조니들의 열정은 여기서 끝이 아니다. 스터디 그룹이 말 그대로 공부의 연장이었다면 이제 진짜로 신나게 놀 수 있는 다양한 클럽 활동들이 있기 때문이다.

클럽들 역시 캠퍼스에 따라 다른데 매 학기 다양한 연극 공연을 보여주는 예술극장, 학교 신문인 《더 문The moon》(산타페)과 《더 개드플라이The gadfly》(아나폴리스), 학생들이 만드는 학교 밖 뉴스 매거진 《더 에포크The epoch》, 졸업생들을 대상으로 하는 잡지 《더 칼리지The college》, 학교 공식 교육 잡지 《더 세인트존스 리뷰The St. John's review》 등이 있다. 그 밖에도 합창, 블루스 댄스, 도자기 공예, 그림 그리기, 천문학, 영화와 관련된 클럽들이 있다.

나는 클럽 활동을 꾸준히 하진 않았지만 학교 신문과 영화 클럽을 조금 했고, 그나마 제일 재미있게 한 것은 《그라우트Grout》라는 학교 예술잡지 활동이었다. 학교 학생들에게 사진, 음악, 시, 글 등의 예술 작품들을 접수받아 심사해서 선별된 작품을 가지고 예술잡지를 만드는 일이었는데 학생들이 제출한 작품들을 읽어보고, 편집 프로그램을 이용해 내가 담당한 페이지들을 마음대로 디자인해보는 것이 재미있었다.

아나폴리스 캠퍼스에는 호머의 《일리아스》(또는 《오디세이아》)를 처음부터 끝까지 24시간 동안 낭독하는 '24시간 드라마틱 리딩24-hour dramatic reading' 같은 그룹도 있다고 한다. 산타페 캠퍼스에는 24시간이 주어지고 모인 학생들이 구상부터 공연까지 해서 짧은 연극을 하나 만들어내는 '24시간 연극24-hour play'이 있었다(보통 주말에 한다). 물론 참여하다가 중간에 빠져나가고 다시 돌아오고는 학생의 자유다. 또 아나폴리스 캠퍼스에는 '멜레 클럽Melee club'이라는 중세시대의 칼과 창 등을 만들어서 검투 시합 같은 걸 하는 재미있는 클럽도 있었다.

학생회관. 대부분의 이벤트와 파티가 이곳에서 열린다.

이런 특이한 클럽 활동들도 있지만 기본적으로 학생회 같은 클럽들도 있다. 학생들의 선거로 뽑혀 학생 대표로 활동하면서 학교의 중요한 문제점이나 재정지원 안건을 통과시키는 회의를 하는 '학생회Student Polity'도 있고 학생들의 교육 문제와 커리큘럼에 대해서만 논의하는 SCIStudent Committee on Instruction(학생교육위원회)도 있다. 이 클럽에 들어가면 학생들의 학업에 있어서의 문제점들에 대해 토론하고 튜터 지원자들을 인터뷰하기도 한다. 그 외에도 학생들의 생활 문제에 대해 논의하는 SRCStudent Residence Committee(학생생활위원회) 또는 학교의 교칙, 학생과 학교 사이에서의 중재자 역할을 하는 SRBStudent Review Board(학생중재위원회)라는 클럽도 있다.

학교 운영, 학교 대표에 관심 있는 학생들은 이런 클럽들을 주로 했고 예술에 관심 있는 학생들은 도자기, 그림 그리기, 영화, 사진 클럽, 합창, 과학을 좋아하면 천문학 등 다 자기 관심 분야에 맞춰 다양한 클럽 활동을 할 수 있다.

멘토링 봉사활동에서 만난 고등학생 친구들과.

### 지역사회와 함께하는 다양한 봉사 활동

그 외에도 할 수 있는 활동들은 정말 무궁무진하다. 스터디에도 관심 없고 클럽 활동에도 관심이 없다면 봉사 활동에 참여할 수 있다. 봉사 활동은 튜터링, 멘토링을 비롯하여 동물 관련 봉사 활동, 박물관 봉사 활동, 자연 활동(환경보호 활동) 등 여러 방면에 다양하게 있기 때문에 관심 있는 분야를 선택해 활동하면 된다.

나는 튜터링, 멘토링 봉사 활동을 꾸준히 했다. 뉴멕시코 주의 교육 환경이 열악한 편이어서 산타페 캠퍼스에는 오히려 튜터링, 멘토링 프로그램들이 많았다. 산타페는 도시 분위기가 매력적일 뿐 아니라 기후상으로도 여름에는 시원하고 겨울에는 따뜻해, 은퇴한 교수나 연구원 등이 많이 사는 도시이다. 그래서인지 이런 사람들이 지역 사회 발전을 위해 여러 종류의 멘토링, 튜터링 프로그램들을 만들고 있다.

튜터링, 멘토링 프로그램은 보통 초·중·고 학생들을 짝지어주어 정기적으로 만나 공부를 도와주고 학생들과 어떤 활동을 같이 하는 식으로 진행된다. 그 외에도 공립학교에서 공부를 지도해줄 보조 봉사자를 뽑는다거나 하는 일들이 빈번하기 때문에 관심 있는 학생들은 학교 이메일을 잘 확인하고 있다가 지원하면 된다.

이외에도 동물 보호소 봉사 활동, 주말에 노숙자들에게 밥을 나눠 주는 봉사 활동, 마을의 역사적 건물들을 보수하는 봉사 활동 등 매주 다양한 활동들이 정말 많다. 또 학교에서 단체로 하지 않아도 개인적으로 봉사 활동을 찾을 수도 있다. 나는 시내 서점에서 일주일에 한 번씩 열리는 산타페 지식인들의 비영리 단체 강좌 프로그램의 총무를 맡아서 봉사 활동을 했다. 강의도 듣고 어른들과 함께 일하면서 비영리 단체가 어떤 식으로 운영되는지 배울 수도 있는 좋은 기회였다.

# 건강한 신체에 건강한 정신이

대학 시절 중 제일 기억에 많이 남고 제일 그리운 부분이 아웃도어 활동이다. 그렇다고 내가 특별히 활동적이라거나 운동을 좋아하는 스타일은 아니었다. 나도 한국에서 고등학교 다닐 때는 학교 체육 시간에 한쪽에 앉아 여자친구들끼리 수다를 떠는 평범한 학생이었다. 살을 빼고 싶어 운동장을 달리거나 줄넘기를 한 적은 있지만 다이어트는 번번이 실패했고 딱히 운동에 맛을 들인다거나 한 가지 운동을 꾸준히 배워본 적도 없었다. 그런데 대학을 다니며 4년간 이런저런 아웃도어 활동들을 기웃거렸더니 어느새 난 몸 쓰는 활동들에 제법 활달하게 참여하는 학생으로 변해 있었다.

### 독서광들의 교내 스포츠

미국에서는 대학의 교내 스포츠가 학교를 상징하는 것 중 하나일 정도로, 스포츠 팀은 학생들이 대학을 결정하는 중요한 요소에 속한다. 특히 미식축구 시즌이 되면 스포츠로 유명한 대학들은 물론이고 미국 전역이 들썩거린다. 미식축구를 보며 핫도그나 치킨윙을 먹고 맥주를 마시는 것이 미국인들에게는 큰 이벤트이다. 미식축구가 아니라도 대학마다 유명한 스포츠 팀이 있어서, 다른 대학들과 항전하고 자기 대학을 목이 터져라 응원하며 대학생들은 열정을 불사른다.

하지만 이런 것을 기대한다면 세인트존스에 오면 안 된다. 미안하지만 세인트존스는 다른 대학들과 맞붙고 피 튀기며 학교를 응원할 만한 대표 스포츠 팀이 없다.

전교생 400명의 작은 커뮤니티라 전국 대회에 출전할 만한 그런 출중한 팀은 없지만 그래도 교내 스포츠 팀까지 없는 건 아니다. 산타페나 아나폴리스 두 캠퍼스 다 스포츠 팀들이 있고 나름 멋진 이름들이 붙어 있다. 산타페의 경우 지오미터Geometers(기하학자), 키호틱Quixotic(돈키호테 같은), 미르미돈Myrimidons(아킬레우스를 따라 트로이 전쟁에 참가한 용사), 올림피언스Olympians(올림픽 선수)가 있고 아나폴리스는 드루이드Druid, 그린웨이브Greenwave(끊긴 데가 없는 긴 파도), 가디언Guardian(수호자) 그리고 허슬러Hustler(난리법석)팀이 있다. 이렇게 총 4팀으로 나눠져 있고 학생들은 세인트존스에 입학할 때 각 팀에 알아서 배정이 된다.

이 교내 스포츠 팀은 수요일, 금요일 정해진 오후 시간에 모여 온갖 다양한 경기들을 한다. 프리즈비 같은 간단하지만 재미있는 경기부터 플래그 풋볼, 농구, 피구, 플로어 하키, 핸드볼, 탁구 등의 경기를 하고 점수를 매기며 각각의 팀이 경쟁을 하는데 사실 산타페 캠퍼스의 경우 학생들의 참여율이 저조한 편이었다. (아마도 책 읽는 걸 좋아하는 조니들이 많아서가 아닐까.) 나 역시 이 교내 스포츠는 별로 해본 적이 없다. 프리즈비는 친구들과 하고, 가끔 주말에 학교 쿼드에서

포스퀘어4 square를 하고 있으면 끼어서 한 정도였다. 산타페는 운동장이 학교 메인 캠퍼스 건물에서 조금 떨어져 있어서 더 참여율이 저조했다면, 아나폴리스의 경우 바로 학교 건물들의 정중앙에 운동장이 있기 때문에 이런 운동 이벤트를 주관하는 학생들이 기숙사로 쳐들어가 다른 학생들의 참여를 유도하고 끌고 밖으로 나오기도 한다고 한다.

아나폴리스 캠퍼스에는 크로케Croquet라는 중요한 행사가 있다. 잔디 구장에서 나무 망치로 나무 공을 치는 스포츠인데 이 경기는 아나폴리스 캠퍼스의 중요한 경기일 뿐만 아니라 아나폴리스 도시 전역의 중요한 이벤트 중 하나다. 그도 그럴 것이 작은 아나폴리스에 있는 딱 두 개의 학교, 세인트존스와 미해군사관학교가 아나폴리스컵Annapolis cup을 차지하기 위해 치열한 경기를 벌이기 때문이다. 크로케 경기 날이 오면 아나폴리스에 운동회가 열린 듯, 모두가 함께 어울리는 분위기가 연출된다고 한다. 심지어 산타페에서 비행기를 타고 아나폴리스로 날아가는 학생들까지 있을 정도다.

특히 이날은 사람들이 복고풍의 옷들을 차려 입고 신사 숙녀 흉내를 내면서, 한쪽에선 경기를 하고 다른 쪽에선 스윙댄스 파티가 열린다. 또 시원한 나무 그늘에 앉아 맥주를 마시며 하루종일 철학 얘기를 나누기도 한다.

### 학교 밖에서 색다른 경험을

그러나 내가 제일 열광했고 너무나 그리워하고 있는 부분은 바로 야외 활동이다. 교내 스포츠에 있어서는 아나폴리스가 산타페보다 더

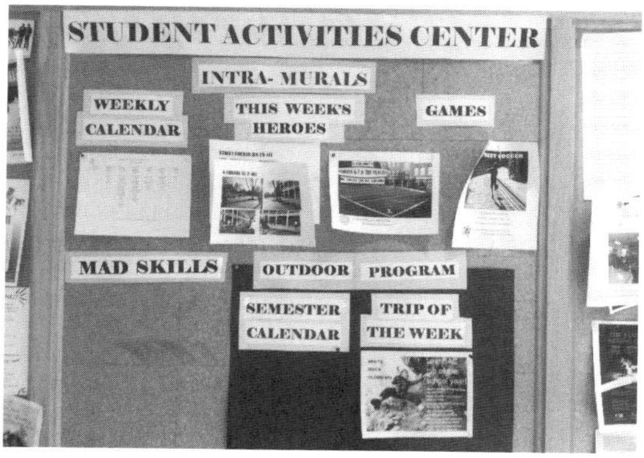


다양한 야외활동을 소개하는 게시판. 마음에 드는 활동이 있으면 문의한 후 참여할 수 있다.

활발했다면 야외 활동은 산타페가 아나폴리스보다 더 활발한 편인 듯하다. 산타페가 있는 뉴멕시코 주는 야외 활동으로 유명한 유타 주나 콜로라도 주와 붙어 있기 때문이다. 아나폴리스가 있는 매릴랜드 주는 바다와 연결되어 있기 때문에 항해voyage, 보팅boating, 크류crew, 카약, 카누 같은 수상 스포츠들이 많다. 보트하우스가 따로 있어서 항해 클럽에 들어가면 항해하는 법도 배우고 직접 강으로 나가보기도 한다고 한다.

산타페는 비록 강, 바다와 가깝지는 않지만 한국에서라면 해봐야겠다고 생각도 안 했을 법한, 다양한 활동을 경험해볼 수 있었다. 산타페의 아웃도어 활동은 당일치기 하이킹부터 해서 배낭여행, 암벽등반, 강가 여행(래프팅, 카약), 스키와 스노보드 여행, 크로스컨트리 스키, 산악 구조 여행까지 있다. 이런 여행들은 주말과 긴 주말(금요일 수업이 취소되고 금토일 3일이 휴일인 때) 그리고 2주간의 봄방학 동안 대부분 이루어진다. 긴 주말과 봄방학 때 정말로 아무 걱정 없이 신나게 놀 수 있다면 좋겠지만 언제나 그에 비례하는 양의 숙제들이

아치스 국립공원 봄방학 여행.

주어졌기 때문에 한번 여행을 가려고 해도 진짜 큰맘 먹어야 했다. 그래도 어떻게든 시간을 내서 많은 활동들을 해보는 것이 좋다. 나는 암벽등반, 래프팅, 카약, 스키, 크로스컨트리 스키를 모두 다 대학에서 처음으로 해봤고 너무 재미있어서 가능한 한 많이 하려고 노력했다. 신나게 놀다 학교로 돌아오면 다 끝내지 못한 숙제를 하느라 두 배 세 배로 공부에 허덕였지만 그래도 새로운 야외 활동을 할 때마다 새로운 세상을 맛본 기분이었다.

특히나 미국은 광활한 자연 덕분인지 한국과는 야외 활동의 규모가 달랐다. 하이킹이라고 해서 별로 어렵지 않게 생각하고 갔다가 거의 죽다 살아온 적도 있고, 암벽등반의 '암'조차 모르고 참여했다가 어마어마한 높이의 자연 암반을 타면서 〈빠삐용〉을 찍는 듯한 짜릿함을 느끼기도 했다.

아웃도어 활동은 여러 학년이 함께하기 때문에 더 다양한 친구들과 돈독한 관계를 쌓을 수 있다. 게다가 카약을 타고 물 위에 둥둥 뜬 채로 또는 광활한 사막을 이동하면서 아리스토텔레스나 니체를 읽고, 밤이면 캠프파이어를 하면서 자신이 낮에 읽은 책들에 대해 토론하는 경험은 세인트존스에서만 할 수 있는 것이었다.

### 신체를 단련하는 운동 수업

그 외에도 학교 체육관에는 다양한 운동 수업들이 있다. 아나폴리스 캠퍼스 체육관의 대표적인 운동 수업들은 요가, 크로스핏, 복싱, 주짓수, 펜싱, 합기도, 코어운동, 실내외 축구, 수영, 농구, 밸리댄스 등등이 있고 산타페 캠퍼스의 경우 요가, 주짓수, 레슬링, 복싱, 펜싱, 아이스 하키, 디스크 골프, 아이론 북웜Iron Bookworm, 달리기, 종합격투기, 메디슨Medicine 핑퐁, 라켓 스포츠, 핸드볼, 러시안 케틀벨, 스쿼시, 명상, 여성 전용 운동Warrior Women Workout 등등이 있다. 매일 다양한 스케줄로 여러 종류의 수업들이 있는데 더 자세한 종류와 스케줄은 학교 홈페이지에서도 찾아볼 수 있다.

이런 스포츠 수업들뿐만 아니라 정식 수업 같지는 않지만 사람들과 함께 운동할 수 있는 점심 시간을 이용한 주변 마을 조깅 같은 운동들도 있다. 야광 배구(밤에 야광팔찌와 머리띠 등을 끼고 체육관에서 배구를 한다) 또는 야광 깃발 뽑기capture the flag, 심지어는 자신의 베개를 들고 와 하는 단체 베개싸움 등 운동이라기보다 게임 같은 활동도 있다(이런 게임을 하는 날은 학교 체육관에 피자와 간식이 준비되어 음식도 먹으면서 논다). 또 좀비게임Apocalypse, Zombie 같은 학교 전체에서 하루 종일 (심지어 며칠간) 벌어지는 게임도 있다. '좀비 대 인간'으로 나뉘어 인간은 좀비를 피해 도망다니고 좀비는 인간을 찾아 감염시키는, 그런 특이하지만 재밌어 보이는 게임이었다. 그런 게임 기간에는 수업이 끝나면 인간(팀에 속해 있는 학생)들은 쏜살같이 교실을 빠져나가 같은 반의 좀비 친구를 피하는 등 제법 재미있게 놀기도 한다.

이렇게 여러 운동 수업부터 주말이나 공휴일 등을 이용한 여행까지, 조금만 부지런 떨면 한국에서는 쉽게 하기 힘든 여러 야외 활동과 운동 들을 경험해볼 수 있다. 특히나 학교에서 주최하는 여행은 학생들을 위한 프로그램이기 때문에 한국보다는 물론이고 평소 미국에서 갈 때보다 싼 가격에 다녀올 수 있다. 그러다 보니 나도 이것저것 될 수 있는 한 많이 다녔다. 주말이나 공휴일에 밀린 공부를 할 수도 있었을 텐데 신나게 놀러만 다닌 게 아닌가 싶기도 하지만 난 후회하기는커녕 신나게 놀았다는 것이 너무 뿌듯하다. 여지껏 몰랐던 새로운 세상을 알게 됐기 때문이기도 하고 그렇게 대자연 속에서 신나게 놀고 스트레스를 다 풀어버린 다음 학교로 돌아오면 또 한 주간 열심히 공부할 힘을 낼 수 있었기 때문이다.

## 파티를 즐기다

숙제, 수업, 읽을 책들에 치여 정신없이 일주일을 보내다 보면 "신이시여, 감사합니다. 금요일이에요"라고 외치고 싶은 주말이 온다. 대학의 묘미는 또 주말이면 있는 광란의 파티 아니겠는가. 세인트존스도 여느 대학들과 다름 없이 많은 파티들이 있다. 학교에서 주관해서 하는 공식 파티들부터 놀기 좋아하는 친구들이 주관하는 이벤트식 파티들까지 종류도 많다.

나는 한국에 있을 때도 나이트는 물론 클럽 한 번 안 가본 순수한(실은 갈 용기가 없었던) 학생이었다. 그래서 '미국의 파티'에 내가 가볼 거라는 상상은 정말 하지도 않았다. 미국의 파티라. 한국과는 비교도 안 될 정도로 열광의 도가니탕(?)일까? 파티는 나와 전혀 관련이 없었고 앞으로도 전혀 없을 것만 같은 세상이었다. 하지만 난 입학 첫날의 왈츠 파티에서 자정이 넘어 파티가 파할 때까지, 마지막 앵콜곡까지도 놓치지 않고 정말 신나게 춤추며 남아 있었다. 그렇게 세인트존스에서 4년간의 파티 인생이 시작되었다.

## 계절 파티

파티는 매학기와 함께 시작돼서 학기가 끝나고 학생들이 집으로 돌아갈 때까지 계속된다. 1년 내내 그 종류도 다양하다. 그중 계절이 바뀜에 따라 열리는 파티들이 있는데 기억나는 것들만 몇 개 적어보면 주니어 블록 파티Junior Block Party, 윈터 볼Winter Ball, 핼러윈Halloween 등이다.

핼러윈 파티는 10월 마지막 주말이나 11월 초 주말에 주로 한다. 특별한 건 없고, 그냥 친구들끼리 분장을 하고 대강당에 들어가 춤추고 놀면서 맛있는 음식들을 먹는 것이다. 1학년 핼러윈 때는 선배들 중 연극에 관심 있는 사람들이 모여 '로키 호러 픽처 쇼Rocky horror picture show'라는 호러 코미디 뮤지컬 공연을 했었다. 조선시대 사고방식을 가지고 있던 나는, 어떻게 학생들이 거의 속옷만 입고 나와 이런 쇼를 할 수가 있지 싶어 엄청난 문화충격을 받았다.

윈터 볼은 크리스마스가 가까워지면 하는 겨울 댄스 파티고, 주니어 블록 파티는 3학년이 주관해서 하는 봄 맞이 파티다. 특히 내가 좋아하는 파티는 긴 겨울이 다 가고 봄이 오는 계절에 하는 주니어 블록 파티였다. 날씨 좋은 날, 다 같이 밖에서 선탠도 하고, 음악에 맞춰 춤도 추고, 훌라후프나 물총싸움 그리고 바디페인팅도 하는 신나는 파티였다. 밤에 하는 대부분의 파티들과는 다르게 따뜻한 한낮에 봄을 축하하는 의미로 하는 파티기 때문에 봄 분위기를 폴폴 풍겨서 마음에 들었다.

세인트존스 파티가 다른 대학들과 비교해서 좋은 점은 학교에서 주관하는 공식 파티에는 공짜 맥주가 있다는 점이다. 세상에나, 공

파티를 위해 꾸며진 학교 내부 모습.

짜라니! 맥주 한 컵을 1~2달러라는 싼 가격에 파는 대학들은 봤지만 완전 공짜로 맥주를 나눠주는 학교는 아직 보지 못했다. 세인트존스가 소규모 학교이기 때문에 가능한 것이다. 미국에서는 스물한 살(4학년)이 돼야 술을 마실 수 있다. 당연히 학교에서는 1, 2, 3학년에게는 술을 나누어주지 않는다. 하지만 나는 학교에 입학할 때 스물한 살이었던 덕분에 즐겁게 공짜 맥주를 마실 수 있었다.

### 철학자들의 파티

계절에 따른 파티들은 다른 대학들에도 있을 법하다면 다른 대학에선 볼 수 없는 철학자 느낌 팍팍 풍기는 파티도 있다. 세미나 책들을 테마로 하는 파티들이 몇 개 있는데 그 파티들은 바로 노아의 방주 파티Ark party, 심포지엄Symposium, 로드Lords, 시니어 프랭크Senior Prank 등이다. 노아의 방주 파티는 2학년들이 《구약성서》 세미나를 몇 주에 걸쳐 끝내고 나면 그 기념으로 하는 파티다. 세미나를 끝낸 2학년들이 주가 돼서 나무로 된 궤짝 같은 걸 이고 기숙사동에서 시작해 학교 뒤쪽을 행진한다. 최종 목적지인 공터까지 가서 그 방주를 한가운데 놔두고 밤새 노는 거다.

또 심포지엄은 1학년이 플라톤의 《심포지엄》 책을 읽고 난 후 여는 파티인데 책 내용처럼 '사랑'에 대한 주제를 가지고 옛날 그리스를 흉내 낸다. 파티장도 그리스식으로 장식이 되어 있고 파티에 있는 음식들도 다 포도, 치즈 등 콘셉트에 맞춰서 나온다. 나뭇잎을 엮어 만든 머리 장식을 하거나 침대시트를 급조해서 만든 고대 그리스 옷 토가Toga를 입고 오는 학생들도 많다. 사랑에 관한 주제를 하나 뽑아서 파티 중 사랑 토론대회를 열어 승자를 가리기도 한다.

로드는 4학년이 주관하는데, 헤겔의 《정신현상학》에서 비롯된 파티다. 책 내용 중 헤겔이 주인Lord과 노예Bondsman에 대해서 언급하는 부분이 있다. 거기서 착안하여 독립의식을 가지고 있는 사람이 주인, 누군가를 위해 살거나 그냥 살아가는 의존적 의식을 가지고 있는 사람이 노예라는 말에서 따 와서 3, 4학년은 주인, 1, 2학년은 노예라는 희한한 콘셉트로 진행된다.

여러 종류의 파티들이 있지만 뭐니 뭐니 해도 제일 재미있고 기다려지는 세인트존스만의 파티는 시니어 프랭크다. 시니어 프랭크는 논문을 다 쓴 4학년들이 졸업 전 전교생의 세미나를 망치는 파티다. 비가 오나 눈이 오나 취소된 적이 단 한 번도 없는 세미나가 유일하게 1년에 한 번 망쳐지는 것이 이 날이다.

1, 2, 3학년들은 이 시니어 프랭크 날짜를 모르고 평소와 다름없이 7시 반부터 세미나를 하고 있다. 그러면 세미나에 가지 않은 4학년들이 수업 중간에 저학년들의 세미나 교실에 쳐들어와 튜터들을 쫓아

내고 학생들에게 술(같은 음료)을 나눠주며 파티가 시작된다. 거의 모든 4학년 학생들이 팀을 나눠 몇 명씩 저학년들의 교실에 들어가는데, 친구들과 테마를 정해 아무 장난이나 칠 수 있다. 가장 충격적이었던 팀은 1학년 과학 실험 시간에 하는 고양이 해부를 주제로 장난을 친 팀이었다. 가짜 피(빨간 물감) 풍선들을 던지면서 세미나 테이블 위에 고양이 분장을 한 학생이 드러눕고 나머지 4학년들은 가짜 해부용 칼을 들고 해부를 하는 등의 퍼포먼스를 보이기도 했다.

게다가 시니어 프랭크 중 시니어 스킷Senior skit이 시작되면 4학년들이 미리 준비한 영상을 함께 보는데 그 영상의 주된 내용은 튜터들 놀려먹기다. 이때는 총장, 부총장과 튜터들도 초대되어 명당자리에 앉아 함께 영상을 본다. 4년간 여러 수업들을 들으며 학생들과 튜터들이 많이 친해질 뿐 아니라 개인적 성격들까지도 다 알게 되고, 교수와 학생 사이에 어떤 권위 의식 같은 것도 없기 때문에 이런 식의 짓궂은 행동도 그저 재미있는 장난으로만 받아들여진다.

### 소규모라 가능한 조니 파티

세인트존스는 학부생만 400명도 안 되는 작은 커뮤니티기 때문에 4년을 다니다 보면 모르는 얼굴이 없고 선후배끼리 친해지기도 아주 쉬운 편이다. 그러다 보니 정말 소규모가 아니라면 불가능한 파티들이 있는데 바로 주니어 스킷Junior skit, 리얼리티Reality 파티 등이다.

특히 리얼리티는 한 학년이 끝나고 3달간의 긴 여름방학이 시작되기 전, 무사히 1년 과정을 마친 것에 대한 자축과 함께 졸업하는 4학년들을 위해 2학년이 주최해서 열어주는 2박3일 동안의 특별한 파티다. 1년의 모든 파티를 통틀어 제일 규모도 크고 학교에서 지원을 가장 많이 해주는 파티이기도 하다.

리얼리티는 보통 금요일에 시작되는데 목요일 저녁 세미나가 끝난 밤 10시쯤부터 2학년들이 학교 전체를 꾸미기 시작한다. 밤 사이 꾸민 뒤 다음 날 짠 하고 개봉하기 때문에 목요일 저녁 세미나가 끝나고 나서는 다른 학년 학생들이 밖에 돌아다니는 것이 금지된다. 만약 호기심에 밖으로 나가기라도 하면 감시하던 2학년 파티 주최 학생들이 물풍선을 던져서 다시 건물 안으로 들여보내는 소소한 이벤트도 있다.

그렇게 금요일 저녁부터 시작한 파티는 밤새 댄스타임으로 이어지고 토요일 아침은 다들 자느라 쥐죽은 듯이 조용한 가운데 지나간다. (전날 광란의 밤을 보내지 않은 '범생이' 학생들은 어슬렁거리며 캠퍼스를 돌아다니지만.) 오후쯤 되면 다시 모여 놀기 시작하는데 메인 광장에서 공연을 하기도 하고 레이저 태그(가짜 총) 경기를 하기도 한다. 밤에는 공연들이 있고 평소의 파티보다 호화롭게 학교에서 준비해준 음식들을 먹으며 밤새 즐겁게 논다.

일요일이 되면 리얼리티 파티의 끝을 알리는 '스파르탄 매드볼 Spartan madball(스파르타의 미친 공)'이라는 스포츠를 하는 것이 세인트존스의 전통인데, 정말 말 그대로 좀 '미친' 경기다. 성인 남자 두 명이 함께 들어야 할 정도의 큰 공을 학년별로 팀을 나눠 서로의 골대에 집어 넣어 점수를 더 많이 획득한 팀이 이긴다. 미친 경기라고 하는 이유는 말 그대로 공을 골대에 넣는 것뿐 아무 규칙이 없기 때문이다. 학생들은 온갖 방법을 다 동원해 공을 골대에 넣는다. 심지어 몇 년 전에는 어떤 팀이 포크레인을 가져와 골대를 실어 날라버리는 일도 있었다고 한다. 운동 꽤 한다 하는 근육질 남녀 학생들이 많이 참여하고, 그 외에도 많은 원하는 학생들이 참여한다. 그냥 앉아서 구경하다가 뛰어나가 경기를 하다가 다시 와서 앉아 있는 경우도 많다. 너무 규칙이 없다 보니 피 튀기는 몸부림이 나기도 하는데, 그래서 이 경기는 4명의 부상자가 나오면 끝이 난다. 그리고 경기가 끝났을 때 점수가 높은 쪽이 이기는 거다. 그렇게 학교의 제일 큰 축제 리얼리티는 막을 내린다.

하지만 내가 제일 좋아했던 파티는 주니어 스킷이다. 이 파티는 4학년들이 논문을 제출한 날 밤 선배들을 축하해주기 위해 3학년들이 여는 특별한 파티다. 4학년과 3학년은 3년이나 함께 학교생활을 해왔기 때문에 그만큼 더 친하다. 그래서 3학년은 4학년 멤버 전원의 개성을 잡아내 4학년들을 하나하나 놀려준다.

우리가 3학년일 때는 거의 3학년 전체(그래봤자 70여 명)가 4학년 선배들을 한 명씩 담당해 롤플레이를 했다. 3년간 함께하며 여러 가지 소문들(누가 누구와 사귀다 헤어졌다부터 여러 우스꽝스러운 일들까지)을 다 알고 있고 각자의 개성도 알기 때문에 조금 짓궂게 느껴질 수도 있다.

# 7

# 내가 세인트존스에서 배운 것

고전은 인간 존재에 대해 계속해서 제기되는 문제를 조명하며
우리가 직면한 문제에 직접적으로 연관되어 있다.
또 알게 모르게 현대를 지배하는 사상을
가장 근본적이고 정확하게 표현해낸다.
고전은 우리의 생각을 바꾸고, 마음을 움직이며, 정신을 감동시킨다.

눈에 선하다. 5년 전, 이상한 사막 나라에 온 느낌으로 산타페에 도착했던 그때가. 대부분의 짐들은 택배로 부쳤는데 잃어버리고 바퀴가 고장 난 이민 가방 하나 질질 끌고 터덜터덜 학교에 왔었다. 어디가 어딘지도 모르겠는데 이 많은 책들 언제 다 읽고 이 학교는 언제 졸업할까 싶었다. 고전 공부는 어떻게 해야 하지? 수학, 과학은 또 어쩌지? 영어는? 토론은 어떻게 하지? 두려움에 벌벌 떨고 있던 내 모습이 지금도 생생하게 떠오른다.

어느새 4년이 지나 졸업을 하고 또 1년이 지난 지금, 다시 스스로에게 질문해본다. 나는 세인트존스에서 무엇을 배웠을까? 무엇을 얻었을까?

이 질문에 그럴싸한 답을 하고 싶었다. 4년 동안 세인트존스에서 고전을 읽고 토론했으니 멋진 말로 멋진 결론을 내리고 싶었다. 스파이더맨이 거미에 물린 후 슈퍼파워를 얻어 세상을 구한 히어로가 된 것처럼, 나 역시 4년간 고전들을 읽고 토론하는 치열한 지식인의 유토피아에서 살았으니 고전을 통해 지혜의 빛을 얻어 천재로 재탄생

했다고 말하고 싶었다. 하지만 나는 학교를 가기 전에도 평범했고 지금도 너무나 평범하다. 입학하기 전, '4년 뒤 나는 얼마나 변해 있을까?' 두근두근해하던 내가 들으면 실망할지 모르겠지만, 나는 슈퍼히어로도, 세상을 뒤흔들 천재도 되지 않았다.

아니, 그럼 난 도대체 뭘 배운 거지? 4년간 뭘 한 거지? 이번에 책을 쓰면서 세인트존스에서의 시간들을 되짚어봤다. 그리고 새삼스러운 사실 하나를 깨달았다. 세인트존스에서 지혜를 얻고 진리를 찾아내기는커녕 나는 4년 내내 엄청나게 깨지고 망가지고 뒹굴고 넘어지면서 정말 지지리도 능력 없고 하찮은 내 모습과 마주했다는 것이었다.

처음엔 "괜찮아. 열심히 하면 돼." 하는 마음으로 노력했다. 좀 나아졌나 싶은 때가 왔지만 착각이었는지, 늘 또 다른 내 형편없는 모습에 좌절해야 했다. 앞에 놓인 산을 넘고 또 넘고 나면 그 뒤로 또 다른 산이 계속해서 나타났다. 조금 나아졌나 싶으면 쉴 새 없이 밀려오는 한계에 부딪혔다. 그렇게 계속 한계에 부딪히는 건 생각보다 지치고 힘든 일이었다.

수업시간의 나 자신이 너무 한심해 조그만 점이 되어 세상에서 사라져버리고 싶은 날, 너무 힘들어 곧 울음이 터질 것 같은 날이면 아예 학교를 뛰쳐나갔다. 열심히 달렸다. 산으로, 도로로, 황량한 흙길을 달렸다. 달리면서 혼자 꺽꺽 소리 내 울기도 했다. 친구들과 어울리며 스트레스를 풀 수도 있었지만, 이열치열이라고 외로울 땐 정말 한없이 외로워야 할 것 같았다. 그러기에 산타페의 황량한 자연은 마치 중세시대 교부들이 고독을 마주했던 사막처럼 최상의 조건이었다. 그렇게 4년간 끊임없이 초라한 내 모습을 봤고, 노력했고, 좌절하고, 하지만 다시 일어나기를 반복했다.

그런데 그 과정에서 신기한 일이 벌어졌다. 시간이 흐르면 '마침내 무언가를 배웠다'거나 '드디어 극복했다'고 말할 수 있을 줄 알았는데 그게 아니었다. 오히려 정반대의 일이 일어났다. 그냥 포기해버린 것이다. 욕심과 비교를 내려놓고, 초라한 나를 있는 그대로 바라본 것. 그게 내가 한 포기였다. 내 한계를 받아들였다. "그래. 이게 그냥 나구나."

근데 더 놀라웠던 건 그다음부터다. 내가 내 한계를 받아들이니 마음이 편해지고 오히려 배움이 시작되었다. 그동안 그렇게나 배워보려고 발악하고 노력했는데, 내려놓고 보니 배움이란 이렇게 쉬운 것이었단 사실을 알게 되었다. 이건 정말 단순한 사실이었다. 나만 몰랐을 뿐. 예를 들어보자면 이런 거다.

'사람은 왜 하늘을 날지 못할까?' 하는 의문을 가지고 스스로 날 수 있는 능력을 찾으려 했다면 지금도 비행기는 없었을지 모른다. 하지만 인간은 스스로 날지 못한다는 사실을 받아들였고, 그 한계를 시작점에 놓았다. '그럼 어떻게 해야 날 수 있을까?' 그래서 날 수 있는 방법을 연구했고, 비행기를 만들어 날 수 있게 됐다. 한계를 인정하고 나면 가능성이 보이기 시작한다. 가능성을 통해 배움을 얻을 수 있다는 것을 나는 세인트존스에서 알게 된 것이다.

그 유명한 소크라테스도 말했었다. "너 자신을 알라"고. 나는 그동안 나를 잘 알고 있다고 생각했다. 그런데 실은 그게 아니었다는 걸 세인트존스에서 깨달았다. 세인트존스에서는 매일같이 하찮고 초라한 나를 끊임없이 봐야 했고, 내 한계를 뼈아프게 느꼈다. 그럼으로

써 나는 똑똑히 본 그 한계를 받아들여야만 했다. 이건 학문의 측면에만 해당되는 이야기가 아니었다. 내가 세인트존스에 있었던 4년간, 미국에서 유학 생활을 하는 내내 그랬다. 토론 수업 중 발견된 소심한 내 성격의 한계, 언어가 달라 말을 잘 못 하는 언어 장벽의 한계, 아르바이트를 해야만 하는 경제적 환경의 한계, 암벽등반을 해본 경험이 없다는 한계 등 공부는 물론이고 인간관계, 아르바이트, 심지어 하이킹 같은 야외 활동을 하고 있을 때까지도 다 적용됐다.

어찌 보면 당연했다. 20여 년을 다른 문화, 언어, 가치관, 가정, 교육 환경을 가지고 살아왔으니 당연히 사람마다 서로 다른 장단점과 한계가 존재한다. 그렇게나 많은 한계들이 있는데 그 한계를 받아들이지 않고 남과 비교하고 탓하거나 따라 하고만 있다면 인생은 불행해질 것이다. 새로운 배움은커녕 배움에서 점점 더 멀어지게 될지 모른다.

"난 왜 이 친구들처럼 하지 못하지?"가 아니라 "나는 이런 사람이니까" 하고 생각했다. "나는 왜 그들처럼 배우지 못하지?"가 아니라 "나는 무엇을 어떻게 배울 수 있을까?" 하고 생각하게 됐다. 그렇게 내 한계를 인정하며 나를 받아들였다. 그것을 시작점으로 놓고, 그렇다면 나는 무엇을 어떻게 해야 할까 생각해보게 됐다. 그렇게 해나갔더니 나만의 방법이 생겼고, 나의 가능성이 보이기 시작했다. 그리고 나만의 배움이 시작됐다.

학생들이 자신의 한계와 정정당당히 마주하게 하고 그 한계를 인정하게 하는 학교. 그 후 한계에 도전하고, 실패 혹은 성공하기도 하면서 그 과정 속에서 자신의 가능성을 깨닫게 하는 학교. 그래서 결

세인트존스는 졸업했지만 그곳에서 배운 대로 앞으로도 계속 스스로 공부해나갈 것이다.

국에는 학생 각자가 자기만의 배움을 찾도록 하는 학교. 그게 내가 경험한 세인트존스다. 그리고 이것이 세인트존스가 원하는 교육 목표, 스스로 학습(배움)이 아닐까 감히 생각한다.

앞서 했던 질문, '나는 4년간 세인트존스에서 고전들을 읽고 공부하며 무엇을 배웠을까? 무엇을 얻었을까?'에 대한 답은 허무하다 싶을 만큼 단순했다. 위대한 천재들의 고전을 읽으며 그들의 사고방식을 들여다봤고 생각의 발전 과정을 따라가면서 결국 내가 배운 건 새로운 정보와 지식이 아닌 나 자신이었기 때문이다. 나에 대해 학교에 오기 전보다 훨씬 더 많이 알게 됐다. 내가 무엇을 좋아하는지, 싫어하는지, 무엇을 잘하는지, 못하는지, 무엇을 가치 있게 여기고 무엇을 원하는지.

나는 앞으로도 이렇게 나를 알아가기 위한 스스로 공부를 계속할 것이다. 예전보다는 조금 더 나에 대해 알게 됐지만 그렇다면 과연 '이 세상 속의 나는 누구인지'에 대해서는 여전히 확신이 없기 때문이다. 세인트존스에서 어떻게 공부하면 되는지 배웠으니 이제 책뿐만 아니라 신문, 영화, 심지어 길에서 우연히 보게 된 어떤 사건을 통해서까지도 배울 수 있게 됐다. 그러니 세상에 대한 내 가치관을 하나하나 확립해가면서 이제는 세상과 나를 연결시키는 공부를 시작할 것이다.

# 책을 마치고 새로운 챕터를 향하며

글 쓰는 걸 좋아한다. 세계여행을 다녔던 초등학교 때부터 일기를 쓰기 시작했고 그 후로 꾸준히 써왔기 때문에 지금까지 내 인생이 모두 일기로 기록되어 있다고 해도 과언이 아닌 셈이다. 그래서 그런지 어려서부터 내 책을 내고 싶다는 생각을 해왔다. '10대 때 세계여행기와 제주생활기를 가족들과 함께 출판했으니 20대 때는 나 혼자 쓴 책 두 권, 30대 때는 세 권, 이런 식으로 늘려가면서 죽을 때까지 꾸준히 책을 내야지.' 하고 대단한 결심을 하기도 했다. 왜 대단한 결심이라고 하느냐면 지금 이 책을 한 권 써 보고 나니 그게 얼마나 말도 안 되는 결심이었는지 깨달았기 때문이다.

책을 낸다는 건 정말 미친 짓이다. 우리 주변에는 책들이 너무나 많지만, 그래서 우리는 모르고 있지만, 정말 책을 쓰는 작가들은 진심으로 대단하고 존경스러운 분들이다. 그 원고들을 교정 보고 책으로 엮어내는 편집자들 또한 정말 대단하다. 책을 쓰는 어려움은 실력도 안 되는 내가 책 한번 써보겠다고 나불거리며 글을 쓰기 시작하면서부터 글을 끝내는 지금까지 처절하게 느꼈다. 내가 얼마나 허황된

다짐을 했던 건지 깨닫고는 매일같이 중얼거렸다. "다시는 책을 내겠다는 말을 하지 않겠어. 내가 뭘 몰랐구나."

그래서 지금 너무나 다행이고 행복하다, 정말. 이렇게 실력 없는 내가 쓴 책이 드디어 나온다니! 하지만 동시에 죄송하다. 내 이름으로 나오는 책이지만 사실 이 책은 많은 감사한 분들과 함께 내는 책이기 때문이다. 그래서 감사의 인사를 전하고 싶었다.

우선 세인트존스를 무사히 졸업할 수 있게 응원해주고 조언을 아끼지 않았던 학교의 모든 분들께 진심으로 감사드린다. 1학년 수학 튜터에서 시작해 4학년 논문 어드바이저까지 맡아주시고 내가 힘들 때 언제나 뼈와 살이 되는 좋은 조언들을 해준 벤케테시Venkatesh 튜터와, 눈물 펑펑 흘리며 사무실로 쳐들어가도 항상 받아주고 휴지를 건네주었던 왈핀Walpin 전 부총장님, 쫓겨날 위기에 처했지만 현명하게 상담해준 스털링Sterling 총장님, 도서관에만 가면 언제나 차분하게 응원을 해준 제니퍼Jennifer와 로라Laura, 너무나 그리운, 같이 누워 책 읽고 싶은 시무어Seymour. 급하게 연락해도 빠르게 답해주고 좋은 정보를 준 쿨리Cooley 씨, 부족한 기숙사 방장이었지만 언제나 너그럽게 봐주고 유쾌하게 대화를 나눴던 매트 존스턴Matt Johnston, 든든하고 고마운 영원한 선배 시은 오빠와 아무것도 없던 1학년부터 함께라서 좋았던 유일한 한국인 동창 도희, 한국의 정을 느끼게 해준, 점점 많아진 세인트존스 후배들 그리고 어떻게 친구를 사귀어야 할지 몰랐는데도 적극적으로 다가와주고 4년 내내 잘 지내준 고마운 내 친구들! 케이티Katie, 엘리엇Elliott, 테리Terri, 리즈Rhys, 로첸Ruochen, 루크Luke, 헤일리Haley, 조지아Georgia, 카밀Camille, 곤잘로Gonzalo 모두에게 감사한다.

그리고 '재학생이 말하는 St. John's College' 카페(http://cafe.naver.com/sjcollege)를 운영하고 있는 후배 예슬이와 소연이에게도 고맙다. 사실 이 책은 학교에 대해 궁금해하는 한국 학생들을 시작으로 많은 분들의 관심이 있었기에 쓸 수 있었다. 학교에 대한 글을 가족 카페와 《오마이뉴스》에 쓰기 시작한 후로 많은 분들이 질문을 해주었고, 내가 아는 한에서 답을 했지만 나도 학교를 졸업했으니 세인트존스의 새로운 정보는 잘 모른다. 세인트존스에 대해 더 궁금한 점은 이 카페를 통해 질문하면 재학생들이 최신 정보로 답해줄 것이다.

또, 다른 출판사들보다 먼저 연락을 주고 열정을 보여준 바다출판사 대표님께도 감사드리고, 많은 주절거림을 다 읽고 누구보다 객관적으로 판단 내려 고쳐준 나희영 팀장님과 서슬기 님에게도 정말 감사드린다.

마지막으로 너무나 감사해 어떻게 다 쓸 수도 없는 사랑하는 우리 가족들. 특히 처음부터 제일 마지막까지 성심성의껏 읽고 조언하고 교정 보고 또 보고 해주신 엄마 아빠. 정말로 너무 감사하고 사랑합니다. 온갖 불만과 투정도 다 받아주고 언제나 자기 일보다도 앞서서 발 벗고 도와주는 예솔 언니와 빛이야, 말 안 해도 알지? 앞으로도 잘 부탁해.

그리고 진짜 마지막으로! 나의 찬란한 대학 생활을 함께해준 산타페에게 꼭 감사하고 싶다. 산타페의 깨끗하고 파란 하늘, 숨 막히게 압도적인 노을의 붉은 빛, 드라마틱하고 하얗던 뭉게구름들, 시원하고 청결한 공기, 여름 소나기의 흙냄새와 겨울 장작 냄새를 내뿜는

황토 어도비 집들, 외로웠기에 아름다웠던 산과 자연들…. 벌써부터 그립지만 내 20대의 추억이 이렇게 멋진 자연 속에서 함께 기억될 것이 너무나 기쁘고 감사하다.

이렇게 감사 인사까지 다 하고 나니 이제야 진짜로 세인트존스를 졸업하는 느낌이다. 1년이 걸렸다. 이제 나는 다시 원점으로 돌아가 내 꿈을 점검하고 새로운 챕터를 향해 나아가볼 생각이다. 영화, 영화하고, 꿈만 13년을 꿨지 지금의 난 아무것도 모르는 초짜 중의 초짜다. 앞으로 어떤 미래가 펼쳐질지 모르겠다. 어려울 거다. 세인트존스에서 넘어지고 깨지고 울었던 것보다 더 많이 뒹굴고 더 절박하게 헤쳐 나가야 할 것임이 틀림없다. 보이지 않는 내 미래는 무척 깜깜한데, 사실 무척 두근거린다. 어떤 실패를 겪든, 어떤 어려움이 닥치든, 어떤 변화가 오든 나는 내 이야기를 계속 기록하고 싶다. 솔직하게. 그리고 그 기록들이 언젠가는 내 역사가 되길 (또다시 겁 없이) 바라본다.

# 부록 1

# 입학준비 알아보기

## :: 유학 준비

당신은 지금 대학 입학을 준비하고 있는가? 미국 유학이나 미국 대학 편입을 생각 중인가? 당신은 특목고 학생일 수도 있고 아니면 그냥 인문계 학생일 수도 있다. 한국에서 대학을 다니다 휴학한 대학생일 수도 있고 그냥 일반인일 수도 있겠다. 아마 나보다는 어린 친구들일 것 같으니 여기서는 조금 편하게 먼저 유학을 간 선배가 경험을 털어놓는다는 기분으로 말하고 싶다. 내가 하는 말들에 다 동의하지 않아도 좋다. 그냥 개인의 의견이라 생각하고 참고 바란다.

### 유학 시기에 대하여

유학을 가는 방법과 시기는 정말 천차만별이다. 한국의 일반 고등학교를 졸업하고 가는 경우, 특목고를 졸업하고 가는 경우, 외국인 학교를 다니다 가는 경우, 대학 재학 중에 편입하는 경우, 대학을 졸업하고 가는 경우, 군복무 후에 휴학하고 가는 경우 등등.

가끔 "제가 이러저러한 상황인데 지금부터 준비해서 가면 될까요?" 하고 상담을 해오는 친구들이 있다. 그런데 정답은 없는 것 같다. 그냥 자기 자신이 갈 수 있을 때 가는 것이 옳다고 생각한다. '내가 지금 상황이 이런데 유학을 가도 될까?' '내가 지금 이 실력으로 바로 유학을 갈 수 있을까?' 이에 대한 답은 어디에서도 찾을 수 없다. 답은 바로 자기 자신에게 있기 때문이다. 답은 스스로 정하는 것이다.

본인이 생각하기에 유학을 가고 싶고 그 이유가 지극히 타당하다면 부모님께 상의해라. 타당한 이유를 가지고 조르고 또 조르면 어느 순간 그 진심을 느낄 것이고 어떻게든 방도를 찾을 수도 있다. 안 찾는다면 어쩔 수 없다. 그렇다면 스스로 방도를 찾아보자. 온갖 방면으로 다 찾아봤는데도 불가능할 수 있다. 그때는 아쉽긴 하지만 '좀 더 적절한 시기를 기다리며 나를 갈고닦자.' 하고 생각하고 다음에 올 기회를 잡기 위해 필요한 것들을 준비하라. 간절히 원하면 더 좋은 타이밍에 기회를 잡게 돼 있다.

남들과 비교하면서 "왜 우리 부모님은 부자가 아닌 거야!" "나도 좀 더 일찍 유학 갈 수 있다면." "나도 저런 방법으로 유학 간다면 영어를 더 잘할 텐데." 하지 않기로 하자. 모두가 처한 상황은 다르고 어떤 상황이든 장단점이 있다. 다른 친구들이 가진 장점과 내가 가진 단점만 본다면 그 사람은 불행해질 뿐 아니라 발전할 수 없다. 그러니 자신의 상황에서 자신이 할 수 있는 방법을 찾아 자신감을 가지고, 흔들림 없이 꾸준히 노력하는 게 정답이다.

### 혼자 유학을 준비하는 친구들에게

유학 준비는 어렵다. 무지 복잡하고 낯설어서 한없이 자신감이 떨어진다. 고등학교 때 어느 시기가 되니까 "이제 곧 수시 준비다!" 하며 수시 정보를 주고, 또 어느 시기가 되자 "대학 지원 상담하러 와라." "수능시험 접수한다." 하고 말해주는 선생님이 있는 친구들이 얼마나 부러웠는지 모른다. 해외 유학반이 있고 유학 전문 상담 선생님이 계시는 특목고라도 다니면 다행인데 일반 고등학교에서 혼자 유학을 준비하려면 불가능하다는 생각밖에 안 든다. 고등학생뿐만 아니라 혼자 막연히 편입을 생각하고 있는 대학생도 마찬가지일 것이다. 영어라도 유창하다면 다행인데 만약 그렇지 않다면 그 좌절감은 백 배 천 배가 된다. '영어도 못하면서 도대체 내가 무슨 허황된 꿈을 꾸는 거야?' 하고 매일같이 자문하고 매일같이 좌절할 것이다.

혼자 유학을 준비하고 있다 보면 내년의 자기 모습이 전혀 상상이 되지 않는다. 가까운 미래인데도 그저 캄캄하게만 느껴질 것이다. 내가 그랬다. 그래서 잘 안다. 그렇기 때문에 그런 친구들이 지금 이 책을 읽고 있다면, 함께 그 답답함을 느끼고, 같이 걱정해주고 싶다. 사실 내가 응원하고 싶고, 힘들다고 말하는 부분은 '유학' 그 자체라기보다는 각자의 꿈을 위해 스스로 노력하는 그 과정이다. 누구나 그렇겠지만 꿈을 향해 혼자 노력하는 과정은 고독하고 어렵다. 그래서 의미가 있는 것이다. 그 길을 조금 먼저 걸어온 입장에서 그런 친구들이 안쓰러우면서도 대견스럽다.

유학 생활은 어렵다. 아무리 집에 돈이 많고 공부를 잘한다 해도 어린 나이에 가족도 없이 모든 것이 새로운 나라에 가서, 새로운 언어로 살아야 하는데 쉬울 리가 없다. 돈 있고 공부 잘해도 어려운 게 유학인데 만약 저 둘 중 하나라도 부족하다면 그때는 얼마나 더하겠는가? 그러니까 그냥 유학은 정말 어렵다고 생각하기로 하자. 그렇게 어려운 걸 해보겠다고 하는 것이니 자부심을 가져도 좋지 않을까.

나는 유학원을 통하지 않고 스스로 준비했다. 그렇다고 나만의 특별한 노하우가 있는 건 아니다. 여기서 이야기하는 것은 그저 내가 준비한 과정일 뿐이다. 이 글을 쓰면서 정확한 정보 제공을 위해 최대한 다시 알아봤지만 정보는 시간에 따라 계속 바뀐다(내가 입학할 당시에는 없었던 장학 제도가 재학 중에 생긴 것처럼). 하지만 내가 알려주고 싶은 건 "여기 정보 있습니다. 이렇게 하세요"가 아니라 "내가 했던 방법을 이렇습니다. 이게 맞는지 아닌지 모르겠지만 나는 혼자 준비할 때 이렇게 했습니다. 학교에 입학했으니 이 방법이 통했던 것 같습니다"라는 것이다. 내가 준비했던 방법과 그 과정을 겪으며 가졌던 태도, 마음가짐을 말해보려 한다.

## :: 입학에 필요한 것들

입학 준비 과정은 복잡하게 여기려면 한없이 복잡하고 또 간단하게 생각하면 간단하다. 우선 미국 학생이나 국제 학생이나 공통으로 필요로 하는 것은 다음과 같다.

1. 세인트존스 입학 지원서.
2. 에세이.
3. 두 개의 추천서(적어도 하나는 자신을 가르친 선생님으로부터 받은 추천서).
4. 고등학교 성적표(수강한 모든 과목과 성적이 적혀 있어야 한다. 영국 대학 시험인 'A' Levels나 국제 수능시험인 IB 등의 시험 성적이 포함될 수도 있다. 이 성적들을 보낼 때 꼭 성적 시스템에 대한 적절한 영어 설명을 동반해야 한다).
5. 다음의 시험 성적들 역시 있어야 한다.
    a. SAT 또는 ACT 시험 점수(미국 학생은 선택, 국제 학생은 필수).
    b. (만약 학생의 모국어가 영어가 아니라면) TOEFL 또는 IELTS(하

지만 또 만약 학생이 영어를 사용하는 고등학교를 다녔다면 내지 않을 수도 있다).

그 외에 만약 대학 재학 중이고 대학 성적표가 있다면 그것 역시 고등학교 성적표와 함께 보내야 한다.

**세인트존스 입학 지원서**

입학 지원서는 미국 대부분의 대학을 지원할 때 쓰는 공통 지원서Common application를 작성해도 되고, 세인트존스 지원서Printable St. John's application가 있으니 그 지원서를 작성할 수도 있다.

대부분의 대학에서는 공통 지원서를 사용하므로 만약 세인트존스 말고 미국의 다른 대학들도 지원한다면 통일해서 공통 지원서로 작성하는 게 편리할 수 있다. 공통 지원서를 작성할 때의 정보는 인터넷을 뒤지면 쉽게 찾아볼 수 있으니, 세인트존스 지원서 작성에 대해 설명해보겠다.

지원서를 다운받아 보면 학교에 지원하기 위해 필요한 기본적인 정보들이 설명되어 있다. 모르는 단어가 있다면 사전 찾아보며 열심히 읽어보기로 하자. 혹시 미국에서 고등학교를 다닌 학생이라면 이런 양식을 작성하는 것이 익숙할지도 모른다. 하지만 한국에서 수능 영어 공부만 하다가 고등학교를 졸업할 즈음 돼서 지원서를 펴들고 혼자 작성하려고 하면 모든 게 막막할 것이다. 그러니 유학 준비를 하면서 지원서 하나에도 모르는 단어가 이렇게나 많으냐고 좌절하지 말자. 나는 심지어 이름 쓰는 법조차 헷갈렸다.

기본 설명 페이지들을 넘기면 제일 처음 작성해야 하는 것이 입학 원서Application for admission이다. 개인 정보Contact information를 입력하면 된다. 미국 친구들은 대부분 미들네임을 가지고 있는데 미들네임은 보통 조상(할아버지)의 이름을 따거나 세례명을 쓰는 경우가 많다고 한다. 예를 들어 케네디 대통령은 존 피츠제럴드 케네디John Fitzgerald Kennedy인데 존 F. 케네디라고 해서 미들네임은 약자로 쓰는게 대부분이다. 하지만 실제로 부를 때는 친구들을 보니 미들네임을 사용하지 않는다. 그냥 '존 케네디', '미스터 케네디', 친한 경우 '존'으로 부르는 게 일반적이다. 따라서 우리나라 사람들은 미들네임 칸을 비워놓고 'first name 한별, last name 조'라고 적으면 된다. 그 옆의 'suffix' 칸 역시 비워놔도 된다. 같은 이름을 가진 사람이 그 가족 안에 또 있을 때 주니어Jr. 시니어Sr. 등을 붙여 구분하는데 한국에는 그런 것이 없기 때문이다.

그 후 주소를 입력하고 쭉쭉 그냥 있는 대로 써내면 된다. 어디 캠퍼스에 지원하는지도 체크하고 가을 학기, 봄 학기 입학을 체크하는 공간도 있으니 그것 역시 자신의 입학 지원 시기에 따라 체크하면 된다.

재정지원Financial and Merit Aid 칸에는 대부분의 학생들이 재정 지원 신청을 할 테니 'Yes'에 체크하면 된다. 그 아랫줄에 'Do you qualify for Post 9/11 GI and Yellow Ribbon Benefits?'라고 적힌 부분은 9·11 이후 참전 군인이나 그에 속하지는 않지만 교육비를 지원해주는 어떤 프로그램에 속해 있는 학생이냐는 질문이기 때문에 아마 'No'인 경우가 대부분일 것이다(더 자세한 재정지원 신청서는 따로 작성해야 한다).

다음 장으로 넘어가면 부모님 정보Parent information도 기입하고 교육Education 부문에서는 고등학교 정보, 대학을 다녔다면 대학 정보, 홈스쿨링을 했다면 홈스쿨링 정보를 체크하면 된다. 그렇게 작성하고 나면 지원서 작성이 끝나고 에세이 질문Essay questions 페이지가 나온다.

## :: 입학 지원 에세이

### 필수 에세이

세인트존스 입학 지원 에세이를 쓸 때가 기억난다. 다른 입학 지원 에세이들은 그냥 평범하고 따분하게 "저를 꼭 뽑아주십시오!" 하고 외치는 자기소개서를 쓰는 느낌이었다면 세인트존스 원서를 작성할 때는 주어진 질문에 대답하는 것이 재미있었다. 게임이라도 하는 것처럼 에세이 4개를 통해 얼마나 효과적으로 나 조한별을 보여줄 수 있을까를 생각하며 열심히 머리 굴려서 썼다.

에세이는 시험 성적만으로는 보여줄 수 없는 자신의 또 다른 모습을 보여줄 수 있는 좋은 기회다. 따라서 최대한 자유롭게 내가 어떤 사람인지 드러내는 것이 좋다. 또 자신이 세인트존스의 프로그램을 통해 어떤 혜택을 받을 수 있는지를 써도 좋다. 덧붙이자면 입학 사정관들이 에세이를 신중하게 읽기는 하지만 학생들이 힘든 학업 속에서 입시 준비에 대한 부담을 안고 쓴다는 걸 알기 때문에 완벽을 기대하지 않으니 편하게 쓰길 바란다는 것이 학교 측의 입장이다.

에세이는 3개의 필수 질문, 1개의 선택 질문이 있다. 보통 성공적인 지원자들은 한 에세이 질문당 500~1,000자, 더블스페이스 3~5장 정도의 답을 쓴다고 한다. (덧붙이자면 더블스페이스는 한국 워드 프로그램의 '줄 간격'을 말하며 2.0으로 설정하면 된다.) 'Times New Roman' 서체에 폰트 사이즈는 12 정도로 하면 무난하다. 그럼 에세이 주제들을 살펴보자.

1. Explain in detail why you wish to attend St. John's College: please evaluate the strengths and weaknesses of your formal education to date.
세인트존스에 오고 싶은 이유를 자세하게 설명하라. 당신이 지금까지 받아온 교육의 장단점을 평가하라.

이 질문은 세인트존스의 특별한 커리큘럼에 대해 학생이 정확히 알고 있는지 그리고 이 학생이 세인트존스의 커리큘럼과 맞는 학생인지를 확인하는 질문이다. 나는 세인트존스의 아나폴리스 캠퍼스를 방문했던 적이 있는데, 그때 보고 느낀 점에 대해서 썼다. 나는 한국의 주입식 수업 방식보다는 "왜?"라고 질문을 던지며 문제의 근본 원리에 대해 생각하는 세인트존스의 공부 방식이 더 맞는 성격인 것 같아서 세인트존스에 가고 싶었다고 썼다.

지금까지 했던 이전 교육들에 대한 장단점을 쓰라고 해도 한국 교육을 열심히 비판하지는 말자. 단점을 쓸 때에는 나와 맞지 않는 부분이 있었지만 내가 얼마나 열심히 그 상황 속에서 극복하기 위해 노력했는지, 그럼으로써 나는 무엇을 배웠는지에 대한 내용을 쓰면 좋다. 그러면서 세인트존스의 커리큘럼이 얼마나 나에게 적합한지를 설명해주면 설득력 있는 에세이가 될 것이다.

2. Respond to both parts: (a) Describe your reading habits and your experience with books. (b) Choose some book that has been important in shaping your thoughts and discuss a single aspect of it (not the book as a whole) that is particularly significant to you.
두 가지 부분에 대답하시오: (a) 당신의 책 읽는 습관과 책에 관련된 경험을 써라. (b) 당신의 사고를 형성하는 데 중요한 역할을 한 책을 골라서 당신에게 특별히 중요했던 그 책의 일부분에 대해 서술하라(책 전체에 대해서 서술하지 마시오).

두 번째 질문은 조금 더 자세하게 학생의 성향을 알아보기 위한 질문이다. (a)는 학생이 평소에 책을 얼마나 읽었는지 또는 얼마나 안 읽었는지, 아니면 별로 읽지 않았어도 얼마나 책에 관심이 있고 책 읽을 의지가 있는지를 보는 질문이다. (b)의 경우는 세인트존스의 모든 숙제가 에세이를 쓰는 것이기 때문에 학생이 세미나 또는 다른 수업에서 에세이를 쓸 능력이 있을지, 잘 쓰기 위해 노력할 의지가 있는지를 보는 질문이라고 생각된다.

나의 경우는 (a)는 재미있게 썼는데 (b)가 약간 까다롭게 느껴졌다. 나의 사고를 형성하는 데 중요한 역할을 한 책이라니 아주 중요하고 좋은 책이어야 할 것 같은데 도대체 어떤 책을 골라야 할지 막막했기 때문이다.

사실 세인트존스에 가기 전까지 나는 독서광이 아니었다. 중학교 때 만화책은 엄청 열심히 읽었지만. 사실 그래서 《원피스》라는 만화책으로 독후감을 써볼까 진지하게 고민하기도 했다. 그러다가 '아, 그건 아니야! 고전을 읽는 학교인데!' 하는 생각이 들어서 접었다. 가장 똑똑하게 보이는 책이 뭘지 머리를 싸잡아 매고 연구해봤지만 나는 그런 '있어 보이는' 책을 읽은 적이 없었다.

결국 솔직하게 쓰기로 했다. 난 어려운 책들을 시도 때도 없이 들고 다니며 읽는 책벌레가 아니라고 고백하며 에세이를 시작했다. 대신 한번 읽으면 열심히 그 책에 대해 생각해보는 습관이 있다고 쓰면서 수필이나 시를 읽고 나서 글로 정리하기를 좋아한다는 내용도 담았다. 나에게 영향을 준 책으로는 결국 파울로 코엘료의 《연금술사 Alquimiste》를 골랐다. 예전에 읽었을 때는 몰랐는데 시간이 지난 후 다시 읽으니까 새로운 부분이 보여서 좋았다는 느낌과 함께 고전처럼 읽을 때마다 새로운 것을 발견하게 되는 것 같다는 이야기를 썼다.

똑똑해 보이는 책을 선택하느냐는 전혀 중요하지 않은 것 같다. 어떤 종류의 책이든지 그 책에 대해 나는 어떻게 생각하는지, 자신의 생각을 어떻게 글로 써 내려가는지 그 기술을 보는 게 아닐까. 세인트존스에서는 책을 읽고 그 책에 대한 자신의 생각을 깊이 있게 발전시키고 조리 있게 표현해내는 법을 훈련하기 때문이다.

3. Select some experience from which you have derived exceptional benefit and describe it, explaining its value to

you.

당신의 경험 중 특별하다고 생각하는 것을 골라 그것에 대해 써라. 그 경험이 얼마나 당신에게 가치 있는지 설명하라.

이 주제에서는 드디어 내가 생각하는 (학교와는 관련이 없을 수도 있고 아주 많을 수도 있는) 나만의 특징을 쓸 수 있었다. 내 인생을 돌이켜봤을 때 절대 빼놓을 수 없는 경험, 여행! 어려서부터 했던 여행들을 죽 썼지만 여행을 많이 다녔다는 걸 자랑하기 위한 건 아니었다. 내가 했던 여행들이 내 가치관을 형성하고 사고 발달에 영향을 끼쳤다는 이야기를 하고 싶었다. 여행은 내 과거의 경험이기도 했지만 미래에 대한 암시이기도 했다. 그 여행 경험을 통해서 나는 도전정신과 어려움을 버틸 수 있는 배짱, 자신감을 길렀기 때문에 앞으로 세인트존스의 공부가 아무리 힘들더라도 해낼 수 있다는 내용을 담고자 노력했다.

### 선택 에세이

그다음으로 선택 에세이가 하나 더 있는데 말 그대로 써도 되고 안 써도 되는 에세이다. 하지만 '필수 에세이 3개로는 나라는 사람을 다 표현하지 못했다! 나에 대해 할 말이 더 많으니 내 이야기를 더 들어 달라!'라는 생각이 들면 이 선택 에세이를 쓰면 된다.

4. Optional. If you wish, provide the Admissions Committee with any additional information that you

think is relevant to our consideration of your application. You may wish to discuss your health or family situation, your special talents or hobbies, your religious life, your accomplishments, or your post college plans.

선택 사항. 만약 당신이 생각했을 때 입학 사정관들이 당신의 원서를 검토하는 데 관련이 있다고 생각하는 당신의 또 다른 정보가 있다면 그리고 그것에 대해 말하고 싶다면 말하라. 당신의 건강 또는 가족 상황, 특별한 재능 또는 취미, 당신의 종교적인 삶, 지금가지 이룬 성취물 또는 당신의 대학 이후의 계획 등에 말해도 된다.

나는 나에 대해 하고 싶은 이야기가 너무나 많았기 때문에 당연히 선택 에세이를 썼다. 나의 경우 마지막 에세이 주제 '꿈'을 잡았다. 다른 에세이에서는 꿈에 대해 (꼭 설명이 필요한 부분이 아닌 이상) 거의 말을 하지 않고 다른 필수적인 내용들을 더 많이 쓰다가 이 에세이에서 본격적으로 영화감독이라는 내 꿈에 대한 이야기를 한 것이다. 언제부터 꿈을 가져왔고, 그 꿈을 가지고 어떻게 살아왔고, 앞으로는 어떤 계획이 있는지 등에 대해서 쓰면서, 내 꿈의 시작을 세인트존스에서 할 수 있어서 기쁘다고 내 맘대로 입학을 확정지으며 에세이를 끝냈다. 선택 에세이는 말 그대로 선택이긴 하지만 학교에 대해서든 자기 자신에 대해서든 열정이 있는 학생이라면 쓰지 않을까 싶다. 물론 안 쓴다고 합격률이 낮아진다고 말할 수는 없겠지만.

## 나를 소개하는 데 정답은 없다

이런 종류의 에세이는 하나 쓰고 그다음으로 넘어가는 식으로 쓰기보다는 처음부터 개요를 짜보는 게 더 좋다. 1번부터 4번까지의 주제들을 죽 늘어놓고 내 인생의 어느 부분에 대해서는 1번 에세이에서, 나의 이런 성격은 2번 에세이에서, 또 이런 경험은 3번 에세이에서 풀어낸다는 식으로 설계를 하는 것이다. 그러면 같은 말을 중복하지 않으면서 최대한 효과적으로 자신을 표현할 수 있다.

에세이 구상 단계에서부터 당장 시작해서 이렇게도 써보고 저렇게도 써보다가 지쳐서 쳐다보기도 싫은 시기가 온다면 일주일쯤 손을 놓고 있는 것도 방법이다. 그러고 나서 다시 읽어보면 또 고칠 것들이 눈에 쏙쏙 들어온다. 그렇게 충분한 시간을 두고 고치고 또 고치면 훌륭한 에세이를 쓸 수 있을 것이다.

지금까지 네 가지 에세이 주제와 나는 어떤 식으로 썼는지에 대해 말했다. 하지만 이건 내 이야기이고 내 스타일일 뿐이다. 다시 말하지만 어디에도 정답은 없다. 세인트존스에서 공부를 하게 되면 훈련해야 하는 중요한 것 중 하나가 '정답 찾지 않기'이다. 어떻게 하면 학교에서 원하는 답을 쓸까가 아니라 나의 어떤 모습을, 나만의 방법으로 무엇을 어떻게 표현할지를 고민해야 한다.

정답이 없기 때문에 에세이 쓰기는 쉬울 수도 있지만 그 반대일 수도 있다. 하지만 잘 생각해보면 에세이 쓰기는 무척 재미있는 과정이다. 《수학의 정석》 같은 책을 읽고 에세이를 쓰라는 것도 아니고 나에 대해 하고 싶은 말을 다 해보라는 기회인데 이 얼마나 재미있는 일인가! 물론 나에 대해 말하는 것은 어렵다. 나라는 존재는 내가 가장 잘 알고 있는 것 같으면서도 그렇지 않으니까 말이다.

그러므로 에세이를 잘 쓰려면 나에 대해 열심히 연구해보고 생각해봐야 한다. 내가 어떤 사람인지, 어떤 삶을 살아왔고, 어떤 환경 속에서 어떤 가치관을 가지게 됐는지. 그동안의 인생을 돌아보면서 칭찬도 격려도 해주고 그때의 어떤 배움을 통해 지금의 내가 되었는지 깊이 고민할수록 에세이 쓰기는 더 쉬워질 것이다. 자기 자신에 대해 잘 알고 있을수록 깊이 있는 이야기가 나올 수 있고 그런 모습을 솔직 담백하게, 진정성 있게 표현할 수 있게 된다.

이렇게 에세이들을 쓰고 나면 그 아래 단답형 질문들Short answer questions이 있다. 사실 내가 입학할 때에는 이 항목이 없었는데 이번에 보니 새로 생겼다. 첫 번째 질문, "어떻게 세인트존스에 관심을 가지게 됐는지 최대한 자세히 써라. 이름, 주소, 당신에게 영향을 준 사람까지 가능하다면 적어라." 그리고 두 번째 질문, "당신의 상황이나 학교에 관하여 우리가 대답해줬으면 하는 질문이 있다면 적어라." 이 질문은 에세이가 아니라 학교 측의 추가 질문이기 때문에 말 그대로 간단히 적으면 된다.

* 홈페이지에 가보니 2015년부터 에세이 주제가 3개로 바뀌었다. 내용 역시 조금은 다르지만 그래도 그동안 설명한 것들에서 크게 달라진 것은 없다. 아래 주제들을 확인해보고 브레인스토밍을 시작하면 되겠다. (에세이 1, 2는 필수고, 3은 선택이다.)

1. The great books curriculum, discussion-based classrooms, and vibrant campus community make St. John's distinct from other colleges. What about St. John's interests you the most? How might this education differ from your former educational experiences?
그레이트북스 커리큘럼, 토론방식 수업들, 활기찬 캠퍼스 커뮤니티는 다른 학교와는 다른 세인트존스만의 특징이다. 세인트존스의 어떤 특별한 점이 당신을 가장 사로잡았는가? 세인트존스의 이런 교육이 당신의 이전 교육 경험과는 다른 점은 무엇인가?

2. Discuss a particular aspect of a book, old or new, that you consider great and that has influenced you.
고전이든 현대 책이든 상관없이 당신에게 가장 영향을 준 책의 특정한 부분에 대해 이야기해보라.

3. Optional. All freshmen at St. John's encounter Socrates, who famously said: "The unexamined life is not worth living." Examine your own life. Share with us any aspect of your personal or family story relevant to understanding who you are today or who you want to be in the future.
선택. 세인트존스의 모든 신입생들이 만나게 되는 소크라테스는 이런 유명한 말을 했다. "탐구되지 않은 삶은 살 가치가 없다." 당신 자신의 삶을 탐구해보라. 현재 당신은 어떤 사람인지, 또는 미래에 어떤 사람이 되고 싶은지를 이해하는 데 도움이 될 만한 개인적인 이야기나 가족 이야기가 있는가?

## :: 성적표와 추천서

### 학교 성적표School report

에세이를 쓰고 나면 다음으로 나오는 양식이 고등학교 성적표 정보다. 'Applicant information'에는 다시 지원자(학생 본인)의 정보가 들어가는데 만약 고등학생이라면 이 양식을 학교의 진학 담당 상담 선생님께 드려서 작성하게 하라고 적혀 있다. 만약 유학반 선생님이 있다면 그분께 부탁해도 되고 혼자 유학을 준비 중이라면 그냥 본인이 자기 정보를 다시 한 번 써넣으면 된다.

고등학생의 경우 행정실에 가서 영어 성적표와 필요한 자료들을 달라고 하면 된다. 고등학교를 이미 졸업하고 대학을 다니고 있다면 고등학교에 연락해 영어 성적표를 세인트존스 입학 담당부서로 보내 달라고 하면 된다고 적혀 있다. 고등학생이든 대학생이든 미국의 성적 시스템은 한국과 다르기 때문에 학교 성적 시스템에 대한 영어 설명을 첨부해야 한다.

### 추천서Letter of reference

성적표를 추가하고 나면 다음으로 해야 할 것이 추천서 받기다. 추천서는 두 개를 받아야 하는데 그중 하나는 최근 자신을 가르친, 또는 지금 학교를 안 다닌다면 가장 최근에 자신을 가르쳤던 선생님으로부터 받아야 한다. 두 개의 추천서 다 학생에 대해 잘 알고 있고 학생의 성격, 지적 흥미 분야, 능력 등에 대해 코멘트해줄 수 있는 사람이 써야 한다.

이 추천서의 앞장은 또 다시 지원자 정보를 적는 것이다. 그냥 원래 썼던 대로 다시 베껴서 쓰면 된다. 그리고 뒷장으로 넘어가면 추천서 작성자 정보Reference writer's information가 있다. 추천서를 써주는 사람, 즉 선생님의 정보를 쓰면 된다. 이름, 주소, 전화번호와 이메일을 적게 되어 있다. 이 정보는 선생님이 직접 써도 되고 선생님에게 정보를 받아 학생이 옮겨 적어도 무방하다.

추천서 작성자에게To the writer of this reference를 보면 학교 측이 추천서를 쓸 선생님에게 하는 말이 적혀 있다. "앞장의 정보에 있는 학생이 세인트존스에 지원한다. 우리가 학생의 입학을 결정하는 데 도움이 될 만한 학생의 정보들이 있다면 주면 고맙겠다. 추천서 편지를 이 양식(추천서 양식)과 함께 메일*로 보내주면 된다." 즉, 학생 정보, 선생님 정보 그리고 선생님이 쓴 추천서를 프린트한 A4용지가 한 봉투에 들어가는 것이다.

---

* 여기서 메일이라 함은 mail인데 우리나라는 '메일'이란 단어를 인터넷상의 '이메일'로 받아들이지만 미국에서는 mail이 우편을 말한다. 인터넷 이메일을 말할 때는 'email'이라고 e를 꼭 붙여준다.

그 아래 칸에는 질문이 3개 있는데 학생과 얼마나 오랫동안 알고 지내왔는지, 어떤 이유로 알게 됐는지(1학년부터 국어를 가르침, 봉사활동 단체에서 알게 됨 등등의 이유), 만약 선생님이라면 어떤 과목을 가르쳤는지를 쓰면 된다. '만약 선생님이라면'인 이유는 한 장은 선생님께 받아야 하지만 나머지 한 장은 선생님이 아닌 다른 사람에게 받아도 괜찮기 때문이다.

그러면 보통 이런 질문이 나온다. "제가 아빠를 통해서 어디 학교의 교수님, 어디 학교의 총장님을 아는데 이런 사회적 직위가 있는 분들께 나머지 추천서를 부탁하는 게 좋을까요, 아니면 그냥 저를 잘 아는 학교 선생님께 부탁드리는 게 좋을까요?" 사회적 직위냐, 나를 잘 아는 사람이냐를 놓고 고민하는 친구들이 꽤 있는 것이다. 나는 명예고 사회적 지위고 다 떠나서 그냥 나를 잘 알고 있는 분들로부터 추천서를 받으라고 말하고 싶다. 내가 어떤 학생인지, 어떤 사람인지도 모르는 아빠 친구인 문화부장관 아저씨가 "이 우수한 학생은 귀하의 학교에 잘 맞을 것입니다. 한국 문화부장관 ○○○로부터"라고 판에 박힌 말로 추천한다 한들 과연 얼마나 설득력 있을까?

그런 추천서보다는 "나는 이 학생이 청소년센터에 다니면서 열심히 공부하는 모습을 지켜봤는데 어떤 성향의 학생이고 학교에 대한 어떤 열정을 가지고 있다는 걸 느꼈습니다. 이 학생은 귀하의 학교에 가서도 잘할 것이라고 믿어 의심치 않습니다." 하고 나를 그동안 봐온 청소년센터 상담 선생님이 써주신 추천서가 훨씬 더 설득력 있을 것이다.

하지만 이렇게 무조건 나에 대해 잘 알고 있는 사람에게 부탁하는 것만이 정답이 아니라는 게 문제다. 추천서의 경우는 정말 요즘 말을 빌려 쓰자면 '케이스 바이 케이스Case by case'이기 때문이다. 상황에 따라 다른 이유는 간단하다. 그 예시는 다음과 같다.

내가 추천서를 부탁할 만한 사람 목록

1. 3학년 담임선생님: 그냥 3학년 담임선생님으로 나에게 애정이 있음. 유학 준비하는 과정을 지켜보고 있음.
2. 수학 선생님: 수학 점수가 특히나 낮은데 수학 선생님은 나를 상당히 좋아하셨음. 나의 공부 방식이나 성향에 대해 말해줄 수 있고 점수가 낮았어도 얼마나 노력했는지 써주실 수 있음.
3. 미술 선생님: 내 주특기인 미술을 가르치셨음. 내가 미술을 얼마나 잘하고 재능이 있는지에 대한 칭찬을 듬뿍 해주실 수 있음.
4. 아빠 친구 문화부장관 아저씨: 선거 캠페인을 할 때 도와드렸고 나를 열심히 일한 학생으로 인식하고 있음. 문화부장관이라는 사회적 지위에 대한 장점이 있음.
5. 청소년센터 상담 선생님: 내가 청소년센터를 다닐 때부터 오랫동안 나를 봐오셨고, 조언과 상담을 해주셔서 내 속생각을 제일 많이 알고 있음.
6. 엄친딸 졸업생 언니: 엄마 친구 딸이라서 한 번 만나본 적이 있고 현재 대기업에 다님. 한 번 만나 조언 들은 게 전부지만 내가 가고 싶어 하는 대학을 졸업한 졸업생이라는 이점이 있음.

이 정도의 리스트가 있다고 치자. 누구에게 부탁할 것인가? 우선 첫 번째 추천서는 무조건 나를 가르친 선생님으로부터 받아야 하니 1, 2, 3번 중 한 분에게 부탁해야 한다. 그중에도 내가 만약 대학에 가서 미술을 전공하려 한다면 당연히 3번 미술 선생님에게 부탁해야 할 것이다. 만약 미술을 전공하고자 하는 게 아니라면 담임선생님이나 수학 선생님 중 한 분에게 추천서를 받아야 한다. 여기서는 내가 나의 어떤 부분을 다른 이(추천인)의 입을 통해 강조하고 싶은지 생각해보고 고르면 될 것이다. 만약 내 수학 점수가 심각하게 낮은데 그것에 대해 좀 부연설명을 하면 좋겠다 싶으면 수학 선생님께 이런 점을 잘 써달라고 하면 되고, 전반적으로 내가 뭐든지 얼마나 열심히 하는지를 부각시키고 싶다면 담임선생님께 부탁하면 된다.

두 번째 추천서는 약간 복잡해진다. 4, 5, 6번 후보를 보자. 4번 아빠 친구 문화부장관 아저씨는 말 그대로 사회적 지위가 있는 사람이다. 그런 데다 내가 캠페인 활동까지 하며 조금이나마 친분을 쌓았기 때문에 추천서를 받는다면 나에 대해서 성실하다는 말과 그 근거(캠페인 활동하며 보게 된 자세한 예시들)를 써줄 수가 있다.

그럼 5번 청소년센터 상담 선생님께 추천서를 받는다면? 나에 대해 아주 잘 알고 있으니 오히려 학교 선생님들보다 깊이 있게 나를 설명해줄 수 있다는 장점이 있다. 내 꿈이라든가, 왜 유학을 열망하고 있는지에 대해 추가적으로 설명해줄 수 있다.

6번 엄친딸 언니는 한 번 만났을 뿐이고 나에 대해 잘 알지 못한다. 그럼에도 이 언니에게 추천서를 받는다면 큰 이점이 있을 수 있다. 그건 바로 이 사람이 내가 가기를 원하는 대학의 졸업생이기 때문이다. 우리나라와 달리 미국 대학에서는 졸업생들이 어느 정도 영향력을 발휘한다.

특히 세인트존스는 더 그렇다. 워낙 커리큘럼이 특이한 학교다 보니 졸업생이 추천을 하면 그 졸업생의 판단을 신뢰한다. 즉 세인트존스를 경험해보고 성공적으로 마친 졸업생이 학생을 추천한다면, 그 지원자가 충분히 세인트존스에 대한 정보를 접했고, 세인트존스의 커리큘럼에 맞춰 공부할 의사가 있으며, 졸업까지 할 수 있는 능력이 된다는 것을 졸업생이 확인해주는 셈이 되는 것이다.

이런 장단점들이 있으니 내가 어떤 부분에 초점을 맞춰 나를 소개하고 싶은가에 따라 추천서를 부탁하면 된다. 내가 만약 정치나 경제 분야를 공부하고 싶다면 아빠 친구 문화부장관 아저씨의 추천서를, 내 꿈과 열정을 강조하고 싶다면 청소년센터 선생님의 추천서를, 입학 담당자들에게 졸업생으로부터의 확신을 주고 싶다면 엄친딸 언니의 추천서를 받으면 된다.

추천서도 결국에는 나를 표현하는 또 다른 방식이다. 입학 담당자들은 이 지원자가 어떤 학생인지, 어떤 삶을 살아왔으며 어떤 가치관을 가지고 있는지, 공부에 대해 그리고 학교에 대해 어떤 생각을 가지고 있는지 알고 싶어 한다. 그 말을 학생 본인으로부터 듣는 것이 에세이고, 사회적 결과물로 확인하는 것이 시험 성적이며, 객관적인 제3자의 입으로 듣는 것이 추천서다. 만약 에세이에서 내가 충분히 스스로를 표현했다 싶은 부분이 있다면 추천서를 통해서는 나의 다른 면을 강조할 수 있으니 다른 면을 써줄 수 있는 사람을 고르는 등 머리를 잘 굴려서 나를 표현하면 될 것이다.

### 추천서를 부탁하는 과정

그 외에도 추천서를 부탁하는 과정에 대해서 궁금해하는 친구들도 꽤 있으니 그럼 이젠 그 부분에 대해서 좀 더 이야기를 해보자. 유학반이 있는 학교라면 선생님들이 추천서를 써주는 것에 좀 더 익숙하실 것이다. 하지만 그런 경우도 아닌데 '선생님이니까 알아서 써주시겠지' 추측하며 불쑥 나타나 무턱대고 부탁하는 건 어찌 보면 무책임한 행동이다. 추천서를 한 번도 안 써본 선생님은 뭘 어떻게 써야 할지도 모를 수 있기 때문이다.

선생님께 추천서를 부탁할 때는 기본적으로 나의 이력서resume, 지원하는 대학교 정보, 추천서 양식, 추천서 샘플을 함께 드리면 좋다. 여기서 말하는 이력서는 대기업에 취직할 때 작성하는 그런 종류의 이력서라기보다는, 내 기본 정보들(이메일이나 전화 등의 연락처 포함), 내가 학교 내에서는 어떤 활동을 하고 있는지 정리한 것들, 내가 해온 학교 밖 활동들, 수상한 상들, 학교 시험 점수, 자격증이 있다면 자격증 등 나에 대한 자세한 정보들이 담겨 있으면 좋다.

이렇게 말하니 이제 이력서는 도대체 어떻게 쓰지, 양식은 어디서 구하지, 머리를 싸매고 있을 친구들이 있지도 모르겠는데 그냥 간단하게 생각하자. 쉽게, 쉽게. 구글 같은 검색 엔진에 'resume for high school students'라고 검색해서 하나 다운받아 사용해도 좋고 아니면 그냥 내 맘대로 만들어도 괜찮다. 어차피 선생님께 도움이 되는 것이 목적이니 부담 갖지 말고 내용만 보기 쉽게 깔끔하게 정리하면 된다.

'근데 그런 게 꼭 있어야 하나? 왜 필요하지?' 하고 생각할 수도 있다. 하지만 이런 나에 대한 정보들은 선생님이 구체적이고 설득력 있는 추천서를 쓰는 데 도움이 된다. 예를 들면 아무리 친한 선생님이라 해도 내가 중국어능력시험 5급을 땄는지는 모를 수도 있는데 이렇게 정리된 이력서를 보게 되면 선생님께서 추천서를 쓸 때 "이 친구는 학교 공부뿐만 아니라 그 밖의 공부도 스스로 열심히 합니다. 그래서 따로 시간을 내 중국어능력시험 5급까지 따는 능력 있는 학생입니다."라고 써줄 수 있는 것이다. 그러면 더 설득력 있는 추천서가 될 수 있다.

선생님께서 추천서를 영어로 써주신다면 좋겠지만 (심지어 영어 선생님께 부탁을 드리더라도) 아마 십중팔구는 다 한국어로 쓰겠다고 할 것이다. 한국어로 작성된 추천서는 전문가에게 번역을 맡길 수도 있고 본인이 역량이 되면 스스로 번역해도 된다. 단, 꼭 원어민에게 두어 차례 정도 교정을 부탁하는 것이 좋다.

내가 유학 준비를 할 때는 추천서도 그렇고 성적표도 그렇고 영문 번역을 하게 되면 공증이라는 걸 받아야 한다는 말도 있었다. 그런데 이건 학교마다 다르다. 어떤 대학은 추천서는 물론이고 심지어 성적표까지도 모국어(한글) 원본을 제출하고, 영문 번역 공증을 받아 그것도 함께 제출해야 인정해준다고 한다. 그런 학교는 훨씬 더 까다롭게 심사한다는 것이므로 학교 홈페이지 국제 학생 입학 원서 준비 부문을 이 잡듯 샅샅이 잘 읽어보고 확실치 않은 건 직접 문의해볼 필요가 있다.

나도 성적표, 졸업장, 추천서들은 다 '실seal 처리' 했다. 실 처리는 성적표나 추천서 등을 학교에서 받으면 봉투에 넣어서 봉하고 그 부분에 학교 도장을 찍거나 선생님 사인을 받는 것이다. 중간에 아무도 뜯어서 읽거나 변경하지 않고 봉했다는 걸 증명하는 의미다.

이렇게 추천서까지 준비가 되면 이제 남은 마지막은 시험 점수다.

## :: 시험 점수와 인터뷰

### 시험 점수

세인트존스의 경우 내국인들에게는 SAT 점수 제출이 선택optional이다. 내고 싶으면 내고 안 내고 싶으면 안 내도 된다. 하지만 홈스쿨링을 한 학생들 또는 영어가 아닌 자신의 모국어로 고등 과정을 마친 학생들은 SAT 시험을 봐서 성적을 제출해야 한다. 대부분의 외국인 학생들은 SAT, ACT, TOEFL 또는 IELTS 성적을 제출하지만 만약 영어로 교육받는 학교를 졸업했다면 시험 점수를 내는 대신 인터뷰를 선택할 수 있다.

SAT나 토플 등의 시험 점수는 보통 시험을 본 후 시험 기관에서 학교로 곧장 점수를 보내게 할 수도 있고 성적을 확인한 후 인터넷으로 다시 요청할 수도 있다. 학교 코드는 다음과 같다.

- College Entrance Examination Board(SAT와 TOEFL)
  Annapolis-5598
  Santa Fe-4737

■ The American College Test(ACT)

Annapolis-1732

Santa Fe-2649

### 인터뷰

내가 입학할 때는 인터뷰가 필수 항목이 아니었는데 최근에 바뀌었다. 대부분의 세인트존스 국제 학생 지원자들은 인터뷰를 하게 된다고 홈페이지에 적혀 있다. 인터뷰를 통해 입학 사정관 측은 학생에 대해 조금 더 잘 알 수 있게 되고 학생들 역시 학교에 대해 더 배우고 질문할 기회를 얻을 수 있기 때문이다. 학생들은 캠퍼스 방문campus visit* 을 통해 인터뷰를 예약할 수 있고 또는 입학 사정관들이 학생들의 집과 가까운 도시나 나라를 여행하며 학교 홍보를 하는 시간에 약속을 잡을 수도 있다. 직접 만나서 하는 게 좋긴 하겠지만 다 안 되는 상황이라면 전화 또는 화상 채팅을 통해 인터뷰할 수 있다고 적혀 있다.

나는 보스턴에서 지원 준비를 하면서 아나폴리스 캠퍼스를 방문한 적이 있다. 1박 2일 프로그램 기간에 맞춰 가지는 못했지만 그냥 가더라도 입학 담당부에서 일하는 재학생들이 구경 온 학생들을 데리고 돌아다니며 설명해준다. 내가 산타페에서 학교를 다닐 때도 매년

* 말 그대로 학교 방문이다. 대부분의 미국 고등학생들은 학교의 분위기나 학생들의 느낌, 수업 모습 등을 보기 위해 대학에 지원하기 전 자신이 원하는 학교들을 방문한다. 대학마다 다른데 보통은 '지원자의 날' 같은 이름으로 지원하고자 하는 고등학생들이 학교를 둘러볼 수 있는 1박2일 프로그램이 있다. 내가 기숙사 방장으로 있을 때도 입학지원 담당자가 "지원자들이 도착하면 데리고 다니면서 학교 설명을 해주어라, 개인적으로 친하게 지내면서 기숙사에서 함께 잠도 자고 밥도 먹고 하라"며 방장들을 달달 볶았다.

그렇게 학교 방문을 하는 고등학생들을 봤다. 가능하다면 학교 방문은 할 것을 추천한다. 대략적인 학교의 분위기를 파악할 수 있고 1박 2일 프로그램 같은 것에 맞춰 올 수 있다면 재학생들과도 친해져 학교에 대한 실질적인 이야기를 들을 수 있다. 나는 몇 시간밖에 구경을 못 했지만 그래도 조금이라도 구경하고 수업을 하나 들어보기도 하면서 학교의 전반적인 분위기를 느낄 수 있어 좋았다. 다시 돌아와서 지원 준비를 하면서도 더 구체적인 그림을 그릴 수 있었다.

한국에 있는 사람들은 무리하게 비용을 써서 갈 필요 없이 최대한 인터넷을 통해, 재학생들을 통해 학교의 분위기나 실상에 대해 이야기해보면 좋을 것이다. 또 인터뷰는 화상 채팅이나 전화로 꼭 해보고 직접 학교 관계자들과 이야기해볼 것을 추천한다.

이렇게 모든 준비가 끝난다. 간단하게 썼지만 하나하나 낯설고 어려운 과정들일 수 있다. 우리말로 해도 복잡한데 외국어인 영어로 하려니 더 두렵고 자신이 없을 것이다. 그렇기에 어떤 사람들은 유학 준비도 그렇고 나중에 미국 비자를 신청하는 일까지 유학원이나 비자 신청 업체를 통한다. 하지만 인터넷에는 정보들이 널렸다. 발품 팔고 몇 날 며칠 정보들을 긁어모으면 혼자서도 할 수도 있다. 정보가 너무 많아 탈이라는 사람도 있지만 그 정보들도 보고 또 보고 하다 보면 정말 유익한 정보가 있는 사이트를 발견하기도 하고 광고성 글과 정보성 글을 구별할 수 있는 능력도 생긴다.

검색해보면 우선 뜨는 정보들은 유학원에서 올린 글인 경우가 많기 때문에 정보를 조금 준 뒤 겁을 주기 시작하는 글을 많이 봤다.

"이런 식으로 준비 과정은 복잡하답니다. 신중하게, 실수 없이 잘해야 하는 중요한 부분이고요. 그러니 저희에게 연락주세요!" 하는 식으로 끝나는 글들이 많다. 특히 비자 신청은 막상 해보면 크게 어렵지 않은데 말이다.

그런 글들을 읽고 겁부터 먹을 필요는 없을 것 같다. 조금 더 발품 팔고, 조금 더 긴장하고, 조금 더 스트레스 받을 각오하고 그렇게 조금씩 더 철저히 한다면 어려울 게 없을 것이다. 그렇게만 할 수 있다면 나중에 유학 가서 힘든 일이 닥쳐도 조금 더 버틸 수 있는 힘 역시 생긴다.

부록 2

# 유학비용 알아보기

## :: 돈이 없어도 유학할 수 있다

세인트존스는 누구나 한 번 말하면 알 만한 그런 유명 아이비리그는 아니지만 나는 4년 동안 세인트존스를 다녔다는 것이 참 자랑스럽고 뿌듯하다. 하지만 한국에 들어오면 세인트존스는커녕 미국에서 유학하고 있다는 사실을 될 수 있는 한 말하지 않으려 노력했다. 그 이유는 세인트존스, 즉 미국에서 대학을 다니고 있다는 말을 하면 보이는 사람들의 반응 때문이었다. 하나같이 '와. 얘는 집에 돈이 많구나!' 하는 표정이다.

앞에서 말했듯이 우리 집은 부자가 아니다. 하지만 나와 언니들은 미국 유학을 큰일 없이 마칠 수 있었다. 당장 돈이 없어도 정말 원한다면 유학을 할 수 있다는 것에 대해 조금이나마 알려주고자 한다. 나와 비슷한 입장에 놓인 친구들이 혹시나 있다면 도움을 주고 싶다. 좌절하지 말고 용기를 내보라고 말해주고 싶다.

### 장학금과 재정지원의 차이

많은 한국 학생들이 그리고 나 역시도 대학교에 오기 전에 착각을 했던 부분이 있는데, 바로 '장학금'과 '재정지원'의 차이다. 장학금은 말 그대로 학교로부터 아니면 다른 기관으로부터 받는 보조금grants, scholarships이라고 할 수 있다.

반면에 재정지원은 장학금보다 좀 더 광범위한 개념이다. 재정지원은 장학금(보조금), 대출, 학교 일을 해서 버는 돈까지 포함된 '패키지'이기 때문이다. 즉 학비를 낼 수 있도록 이 세 가지 방법으로 도움을 주는 것이 재정지원이다. 따라서 장학금만 받고 다니는 게 아니라면 "재정지원을 받고 학교를 다닌다"는 말이 더 정확한 표현이라고 볼 수 있겠다.

대학에 합격을 하고 난 후 재정지원 패키지를 받으면 우선 서너 가지 요소들을 확인해야 한다. 학비 보조금(장학금), 학교 대출, 그리고 학교 아르바이트가 그것이다. 대학들마다 쓰는 용어들이 조금씩 다르지만 우선 세인트존스는 니드베이스드 그랜트Need-Based Grant, 메리트베이스드 스칼라십Merit Aid Scholarships, 워크스터디 프로그램Work-Study program, 학교 대출Loans 이렇게 네 가지로 재정지원 패키지가 구성되어 있다.

우선 그랜트와 스칼라십에는 별로 큰 차이가 없다. 학비 보조금, 학비 장학금 정도의 개념으로 생각하면 된다. (그랜트는 어떤 특정 목적으로 수여하는 돈, 스칼라십은 대부분 대학생들에게 주는 학비 장학금 정도의 느낌이다.)

재정지원 패키지를 봤을 때 이 보조금과 장학금의 숫자가 높을수록 이익이고, 대출은 낮을수록 이익이다. 워크스터디는 학교생활을 하며 교내에서 아르바이트로 벌 수 있는 돈이다.

홈페이지를 통해 쉽게 알아볼 수 있는 정보이긴 하지만 간략하게 설명해보자면, 세인트존스는 재정지원에 학력 의존 정책Need-Blind을 적용한다. 입학 심사를 할 때 장학금 신청 여부가 입학 당락에 영향을 미치지 않는다는 뜻이다. 70퍼센트 이상의 학생들이 장학금을 받고 있다고 한다.

니드베이스드 그랜트는 필요에 준하여 주는 재정보조금이다. 미국 학생은 물론 외국 학생들도 지원을 할 수 있고 매년 새롭게 지원해야 한다. 지원하려면 대학 등록금 지원 제도 서류를 작성해야 한다. 미국에는 이런 문서 작성이 엄청 많고 매우 번거롭기도 한데, 그렇다고 해서 돈 주고 유학원에 가서 작성 도움을 받을 필요는 없을 것 같다. 물론 난 유학원에 안 가봐서 얼마나 잘 도와주는지, 그렇게 도움을 받으면 더 많은 장학금을 받을 가능성이 있는지는 잘 모르는 게 사실이다. 그러니 준비하는 학생이 소신껏 판단해야 한다. 나는 그냥 양식을 다운받아 출력해서 주변 사람들에게도 물어보고, 모르겠으면 학교에 연락해보면서 작성했다.

메리트베이스드 스칼라십은 (슬프게도!) 내가 입학하던 때는 없던 장학금 제도다. 말 그대로 뛰어난 학생들에게 추가로 주는 장학금이다. 최대 18,000달러까지 받을 수 있고 국내, 국외 학생들 모두 대상이 된다. 고등학교 성적, 지원 에세이, 그 외 정보들이 우수한 학생들에게 주는 장학금이다. 이 장학금을 받기 위해 따로 지원할 필요는 없다. 입학 심사 과정에서 선정되고 입학 통보 후 장학금 수여 여부가 공지된다. 학생이 졸업까지 만족스런 학업 성적을 유지한다면 4

년간 받을 수 있는 장학금이다.

난 니드베이스드 그랜트만 받았고, 사실 예상했던 것보다 많은 금액을 장학금으로 받았다. 하지만 (우리 가정 형편상) 여전히 학비가 부족했기 때문에 청원서를 써서 장학금이 더 필요하다고 요구했다. 얼마나 좋은 학교에 힘들게 붙었든지 간에, 만약 입학을 했고 재정지원 패키지를 받았다면 거기서 '주는 대로 만족'할 것이 아니라 재차 요구해봐도 된다. 학교 측에서 안 된다고 하면 그만인 거고, 학교 예산과 운에 따라 어렵지 않게 조금 더 장학금을 늘려 줄 가능성이 있기 때문이다.

그 결과, 학교에서 나에게 줄 수 있다는 장학금을 최대치까지 올렸고, 더 이상은 안 된다고 했을 때 두 번째로 한 일이 바로 학교 대출을 늘리는 일이었다.

### 학교 대출

학교 대출은 말 그대로 대출, 학생의 빚이다. 따라서 이 결정은 학생 본인과 가족이 함께 많이 고민해보고 결정해야 한다. 졸업을 하고 갚아야 하는 돈이기 때문이다. 그래서 친구들 중에는 재정지원 패키지의 3단 콤보(장학금, 대출, 아르바이트) 중 장학금과 학교 아르바이트만 받기로 하고 대출은 하지 않기로 결정하는 친구들도 있다. 그렇게 되면 학교가 학생에게 줄 수 있다고 제안한 재정지원 패키지 중 대출에 해당하는 금액이 학생이 매 학기 부담해야 하는 학비에 추가가 되는 것이다.

학교 홈페이지에도 나와 있지만 대출은 여러 종류가 있다. 그러나 외국 학생이 받을 수 있는 대출은 학교 대출 하나인 경우가 많다(대학마다 다르니 신중히 알아볼 것). 세인트존스의 경우 아나폴리스 캠퍼스는 스코필드 론Scofield Loans이라는 이름의 대출이 있고 산타페 캠퍼스의 경우 세인트존스 론St. John's College Loans이 있는데 나는 이 대출을 받았다. 외국 학생들이 신청할 수 있는 대출이고 매 학기 대출 가능하다. 졸업 6개월이 지난 후부터 갚기 시작해야 하고, 세인트존스 대학원에 재학하는 동안은 이자는 나가지만 상환을 연기할 수 있다.

다시 말하지만 학교에서 나에게 처음으로 제안했던 대출 금액은 250만 원 정도였다. 장학금과 마찬가지로 대출 또한 늘려달라고 다시 요청했고 내가 받을 수 있는 대출액은 250만 원에서 500만 원으로 늘어났다. 그렇게 해서 당장에 내야 할 학비를 줄인 것이다.

이렇게 나처럼 마지막 히든카드로 대출이라도 늘려서 당장의 학비를 줄일 수도 있고, 아니면 재정지원을 조금 덜 받더라도 대출을 늘리지 않는 방법도 있을 것이다. 어떤 방법이든 학생 본인의 우선순위와 가정 형편에 따라서 고민해보고 알아서 결정할 일인 듯하다.

사실 나도 대출을 한 학기에 500만 원, 1년에 1,000만 원이나 받으면서까지 이 학비 비싼(1년에 약 4,000만 원) 학교를 다녀야 하나 많이 고민했었다. 당연히 졸업 후에 이 큰 돈을 어떻게 갚아야 하나 걱정도 됐다. 하지만 그 걱정보다 무조건 이 학교에 다니고 싶다는 생각이 더 컸다. 젊은이의 섣부른 결정이라고 생각할 수도 있을 것이다. 그러나 어쩔 수가 없었다. 나에게는 우선 현재가 중요했으니까. 만약 그때 오로지 내 힘으로만 학비를 낼 수 있는 방법이 있다면 그걸 택했을 것이다. 하지만 안타깝게도 그런 방법은 없었다. 그렇다고 학비 마련을 위해 학교를 쉬며 돈 모으는 데 시간을 보내는 것은 내 우선순위에 있지 않았다. 그러니 현재 부모님의 몫이 아닌 졸업 후 내가 책임져야 할 몫인 대출을 늘리는 것이 내가 부모님의 부담을 덜어드리기 위해 할 수 있는 최대의 노력이었고 동시에 내 한계였다.

덕분에 나는 한국 학비보다 싼 값을 내며 대학을 다녔다. 하지만 동시에 부모님의 이름이 아닌 내 이름으로, 4년간 4,000만 원이라는 어마어마한 빚 역시 함께 가지고 졸업하게 되었다. '졸업을 하고 취업이 하늘의 별 따기가 되어버린 이 세상에 내던져진 지금, 이때의 선택을 후회한 적이 없을까' 하고 궁금해하는 사람도 있을 것 같다.

그런데 정말 거짓말 안 하고 전혀 후회하지 않는다. 돈을 갚는 것은 별로 걱정되지 않는다. 열심히 살다 보면 어떻게든 그 돈을 갚을 방법이 생길 거라고 믿으니까. 게다가 내가 도박을 하기 위해 대출을 받아 그 돈을 날려버린 것도 아니고, 내 배움에, 내 꿈에 그리고 내 미래에 투자한 것이 아닌가. 부모님의 이름이 아니라 나 스스로의 이름을 걸고. 그게 무척 자랑스럽다. 어느 누구보다도 내가 나 자신을 믿고 있다는 증거니까 말이다. 또 내가 나의 첫 투자자, 후원자가 된 거니까. 이렇게 내 미래에 투자할 수 있는 기회가 있었다는 것이 감사할 뿐이다. 대출을 받을 수 있었기에 세인트존스에서 당장에 적은 비용으로 공부를 할 수 있었기 때문이다.

## :: 한국, 미국 학비 비교와 교내 아르바이트

앞서 말한 재정지원은 세인트존스 산타페 캠퍼스의 얘기다. 미국의 대학은 대부분 재정지원 계획을 짜주기는 하지만 모든 학교들이 그런 것도 아니고, 심지어 우리 학교에서조차도 학생 하나하나 재정지원의 짜임이 다르다. 또한 한국이나 미국이나 계절 학기(쿼터제)인지 아닌지, 사립인지 국립인지, 기숙사에서 사는지 자취하는지, 집에서 사는지는 물론이고 교통비와 생활비 등도 사람 씀씀이에 따라 천차만별이기 때문에 미국 유학을 하는 데 얼마가 드는지 하나하나 따지자면 밑도 끝도 없고 비교 자체가 불가능해진다. 따라서 나는 그냥 내가 생각하는 지출의 기준을 정해, 한국과 미국의 학비를 비교해보겠다.

### 한국 학비와 미국 학비

한국의 경우는 (한국에서 대학 다니는 친구들에게 물어본) 사립 학교 평균 학비에 최소한으로 아끼며 살았을 경우 드는 방값, 식비, 교통비를 포함했다(유흥비 등 그 외 경비들 제외). 미국의 경우는 주관적이지만 내가 기준이 됐다. 사립인 세인트존스의 학비에 나머지 경비는(최소한의 경비로 미국 유학 정보를 찾고 있는 학생들의 눈높이에 맞추기 위해서) 아주 주관적으로 정말 구두쇠 스크루지 영감처럼 생활할 때 드는 비용에 맞췄다.

하나하나 말로 하면 복잡하니까 표를 첨부한다. 다음 내역이 한 학기에 드는 돈이다. (세인트존스의 경우 한 학기는 1월 말~5월 말, 8월 말~12월 말, 각 4개월이다.)

| | 한국 | 미국 | 내가 받은 재정지원 패키지 |
|---|---|---|---|
| 학비 (인문학부 기준) | 350만 원 | 2,300만 원 | 장학금 1,750만 원<br>학교 대출 500만 원<br>워크스터디 300만 원 |
| 방값+식비 | 50만+(30만×4달)= 320만 원 | 400만 원 | |
| 교통비 | 5만 원 | – | |
| 기타 | – | 20만 원(야외활동비) | |
| 합 | 675만 원 | 2,720만 원 | 2,550만 원 |
| 실제 내는 돈 | 675만 원 | 200만 원 내외 | |

위 표 중 한국 비용에 대해서는 조금의 오차가 있더라도 쉽게 가늠할 수 있는 정보이니, 미국 경비를 설명해보겠다. '방값+식비'는 기숙사에 살고, 학교 식당에서 밥을 먹는 경우를 기준으로 생각한 금액이다. 미국 대학들에서는 이를 룸앤보드Room & Board라고 부른다. 하지만 이 룸앤보드조차 가격이 천차만별이다. 기숙사에 사느냐 밖offcampus에 사느냐, 기숙사 중에서도 어떤 기숙사에 사느냐, 밥을 하루 한 끼 먹느냐, 두 끼, 세 끼 먹느냐에 따라 다 달라지기 때문이다. 나는 기숙사에 살지만 한 학기에 최소라고 할 수 있는 56개 식권을 구매했고 총 생활비는 400만 원쯤이 나왔다(기숙사에 주방이 있어서 음식을 거의 해 먹었다).

하지만 기숙사에 살지 않으면 룸앤보드 가격이 아예 빠지게 된다. 대신 밖에서 사는 비용이 나오게 되는데 이 역시 혼자 사느냐, 친구랑 사느냐, 친구도 한 명이랑 사느냐, 두 명 혹은 세 명이랑 사느냐에 따라서 달라진다. 기숙사가 아닌 학교 밖, 학교 근처 집들을 개인적으로 구하게 되면 방값이 기숙사 비용에 비해 싸질 수 있다. 대신 가스, 수도세, 전기세 등등의 유틸리티utility 비용이 추가된다. 또 학교로 매일 통학을 해야 하니 버스를 타거나 차가 필요해져 교통비 또는 차 운용비가 들게 되고, 음식을 직접 해 먹어야 하니 식비도 추가로 들게 된다.

표는 교통비를 넣어두지 않았다. 방학 때 집(한국)에 가느냐 마느냐는 아예 제외했기 때문이다. 비행기표를 추가하면 당연히 돈이 훨씬 더 많이 드는데 정말 돈을 아끼려면 방학 때도 학교에서 지내면서 일을 찾아 할 수 있다. 이 경우 심지어 돈을 저금할 수도 있다. 물론 학기 중에 소요되는 교통비도 있다. 하지만 이 역시 추가하지 않았다. 세인트존스는 학생을 위한 무료 셔틀도 운행하고, 산타페라는 도시는 대중교통을 이용하더라도 편도 1달러, 하루 이용권은 2달러로 교통비가 거의 들지 않았기 때문이다. 하지만 이 교통비 역시나 각자가 거주하게 될 도시 사정에 따라 천차만별로 달라진다.

그렇게 해서 학교에서 한 학기 돈 내라고 날아온 무서운 고지서의 총 합계는 2,720만 원이었다. 한 학기 학비, 생활비가 한국은 비싸 봤자 700만 원인데 비해 미국은 대략 2,700만 원이라는 어마어마한 차이가 난다. 이렇게 비교를 해보면 돈 없는 학생은 도저히 유학이 불가능해 보인다. 하지만 그런 가난한 유학생들에게 한줄기의 희망을 주는 것이 바로 표(292쪽) 제일 오른쪽의 재정지원 패키지인 것이다. 장학금, 대출, 워크스터디를 통해 총 2,550만 원의 재정지원을 받았고 내가 지불한 학비는 한 학기에 200만 원 전후였다. (하지만 학비는 매년 올라가고 그에 따라 재정지원 내역도 달라져 조금씩 변동이 있다.)

### 합법적인 교내 아르바이트, 워크스터디

재정지원 패키지의 3종 세트(장학금, 대출, 아르바이트)에서 장학금과 대출 부분은 이미 앞에서 설명을 했으니 그럼 이제 마지막 항목, 학교 아르바이트 부분을 좀 더 자세히 소개하겠다. 학교 아르바이트는 표에서도 볼 수 있지만 '워크스터디Work-Study'라고 불리는데 간단히 말하면 학교에서 학생에게 돈을 벌 수 있는 자리를 주는 프로그램이다. 학생들의 가정형편, 재정상황에 따라 워크스터디를 받는 학생들도 있고, 못 받는 학생들도 있다. 그런데 만약 내 재정지원 패키지에 워크스터디가 포함이 됐다면 그 말은 내가 학교에서 일할 수 있는 자리가 확정됐다는 말이다.

예를 들어보면 이런 거다. 학교 서점, 도서관, 우체국, 그 외 학교 사무실 등 학교 학생들을 파트타임으로 고용하는 일자리가 100개 있다고 치자. 그런데 일을 하고 싶어 하는 학생들은 300명이다. 그럼

3:1로 싸워서 학교 알바를 따내야 한다. 면접을 잘 못 보거나 하면 안 뽑힐 수도 있고 그렇게 되면 돈을 더 벌 수가 없는 것이다. 하지만 만약 내 재정지원에 학교 워크스터디가 포함이 되어 있다면 그 100개 일자리 중 하나는 내가 일할 수 있게 확정이 되어 있는 셈이다. 따라서 나는 나머지 200명 학생들과 경쟁할 필요가 없어지는 이득이 있다.

워크스터디는 학교마다 제도가 다른데 세인트존스의 경우 2주에 한 번씩 일한 만큼(우리 학교는 최대 일주일에 10시간) 돈이 나온다. 우리 학교가 위치한 산타페라는 도시는 뉴멕시코 주의 주도인데 뉴멕시코 주는 미국에서 두 번째로 못 사는 주다(그런데 산타페라는 도시만은 또 부자 도시다). 아이러니하지만 어쨌든 못 사는 주이기 때문에 시급이 높아서 9달러에서 시작한다(최저시급이 7.5~8달러가 시작인 주들도 있다). 따라서 자신이 지원한 학교의 워크스터디 제도(아르바이트 시간, 시급 등)는 어떻게 되는지 잘 알아볼 필요가 있다.

세인트존스의
고전 100권 공부법

초판 1쇄 발행 2016년 2월 15일
초판 9쇄 발행 2022년 8월 23일

지은이 조한별
책임편집 서슬기, 나희영
디자인 주수현, 정진혁

펴낸곳 (주)바다출판사
주소 서울시 종로구 자하문로 287
전화 322-3885(편집), 322-3575(마케팅)
팩스 322-3858
E-mail badabooks@daum.net
홈페이지 www.badabooks.co.kr

ISBN 978-89-5561-817-4 03190

이 도서의 국립중앙도서관 출판예정도서목록(CIP)은 서지정보유통지원시스템
홈페이지(http://seoji.nl.go.kr)와 국가자료공동목록시스템(http://www.nl.go.kr/kolisnet)에서
이용하실 수 있습니다. (CIP제어번호: CIP2016003285)